コミックで学ぶ

# イライラの片づけ方

監修 有川真由美
絵 森下えみこ



宝島社

# はじめに

あなたは、イライラを持て余してはいませんか？
ふと気づくと顔を出す、怒りっぽい自分。
「大人だから」と必死で表に出さないようにするけれど、
わき上がるイライラの感情にどうしても引っ張られてしまう……。

私たちのまわりにはいつも、
プレッシャーのかかる仕事やわずらわしい人間関係、
身勝手な人々、家庭でのストレスなどなど、

イライラの種がいっぱい。

それを抱えすぎると、つい人に当たってしまったり、
あとで自己嫌悪に陥ったり……。
一度、ネガティブな感情のスパイラルに入り込んでしまうと、
抜け出すのはとっても難しいもの。
いつも不機嫌なひとは、まわりからも不幸そうに見えるし、
さらに他人や幸運も遠ざけてしまいます。

人生では、自分の感情と現実に折り合いをつけ、
ネガティブな感情を消化していくことが必要です。
さらにいうなら、人生がうまくいくか、いかないかは、
感情をきちんと消化できるかどうかにかかっているのです。

〝感情を消化する〟とは、怒らないようにがんばるんじゃなくて、
言葉や行動、考え方を変えるということ。

ポジティブな感情が積み重なると、
次第に仕事も人間関係も、すべてがうまく回りだすでしょう。
難しいことはなーんにもありません。
そのすべては「ちょっとしたこと」。

さあ、自分自身を受け入れ、
前向きで幸せオーラあふれる女性へと
変わっていきましょう！

有川真由美

# もくじ

## 2章 あなたはこんなことしていませんか？

プロローグ

# 『あぁ イライラする』

宮下 友美さん　28歳　事務職

彼との交際歴は2年。なんだかマンネリぎみ……。仕事でもプライベートでもイライラすることが増え、そんな自分から脱出したいけど、きっかけがつかめずイライラ。

えーもー
じゃあデート
何着てこう
キャー
遅刻
しちゃーう
これ
しわしわ
イラ
イラ
イラ
せっかくあわてて
来たのに
彼は
遅刻…
ハァ
ハァ
10分
遅れて
登場
わり〜
わり〜
イラ
イラ
何食べに
行く？
なんでも
いい
イラ
イラ
なんだよ〜
まだ怒ってんの？
別に
怒って
ないし
謝ったじゃん
イラ
こうなってくると
もうイライラが
おさまらなく
なってしまい…
って言うかさ〜
遅刻しといて
なんでそんな
髪型が
バッチリ
なのよ！
イラ
イラ
イラ
結局その日は
早々にデート終了
むーー
せっかくの
デートが…

イライラしてついやけ食い
イラ
イラ
んも〜〜
そして次の日体重増加
イラ
イラ
イラ
んも〜〜
そんな時出会ったのが有川先生でした
そんなにイライラしてもいいことないわよ
あっなんかまぶしい
イライラしていると、どんどん悪いことを引き起こしちゃうの
まわりにもイライラを伝染させてしまうし
なんだよ
でもそんなイライラを選んでるのは自分！
自分にも責任があるのよ！

もしイライラを引きずらず切り替えることができていたら
通販も
着こなしを考えればいいか〜
デートも
お互いさまだしね
仲良く夕食
遅刻の分おごるよ
わーい
昨日は楽しい一日を過ごせたかも！
そう思うとなんかもったいないです…
でしょ
でも大丈夫上手に感情を消化できれば
イライラにストップをかけて幸せオーラを呼び込めるわ
先生それにはどうすれば〜
そんなあなたにこの本を贈るわね
そしてイライラのないキラキラライフを目指しましょう！
がんばりまーす
イライラの片づけ方

まずはイライラの正体から考えていきましょう

# 1章

# イライラの感情ってどこから来るの？

# 『イライラの正体は……』

**内田 裕子さん　30歳　営業職**

向上心が強く、負けず嫌い。同期よりもいい成績を上げようと、朝から夜遅くまで働きづめでクタクタ。だけど、社内のアイドル・峰くんに会えた日は、ちょっぴりテンションアップ。

朝礼
山本さんのプレゼンが認められて大口契約がとれました
パチ
パチ
パチ
その資料私が作ったのに〜
ムカー
すごいね
いえいえ
イラ
イラ
イラ
なんなのよ全部自分が作ったみたいな顔して
カシ
カシ
あっ佐藤さんまた同じミスしてる…
ちゃんと注意しなきゃ
ムー
この前も同じミスしたよね
教えたときちゃんとメモしてた?覚えた?
まあまあ佐藤さんは入社してまだ日が浅いんだし…
ハッ
そうか、ついきつい言い方しちゃった
いけない
いけない

自己嫌悪
〜〜〜
ああなんだか
うまくいかない…
きつく言い
すぎたかも
しれない
けどさ〜
佐藤さん
だってさ〜
だったら
他の人が
きちんと
教えればいいのに
イラ
イラ
イラ
イラ
みんなで
飲みに行くん
だけど、
内田さんも
どう？
…帰り
ます…
家に帰っても
思い出して
イライラ
眠れ
ない…
おはよう
ございます
キャ
キャ
昨日は
楽しかった
ねー
キャ
キャ
…
ハァ

途中から峰くんも合流して盛り上がったね～
峰くん!?
行けばよかった～
社内のアイドル
ええー
で峰くんたらさ～
イラ
キャア
キャア
あ～もう何もかもイライラする
イライラがイライラを呼び
小さなことにもイライラ
同僚への嫉妬
うまくいかない自己嫌悪
行かなかった後悔
イラ
イラ
イラ
イラ
ぐえ
積み重なったイライラに押しつぶされそうです

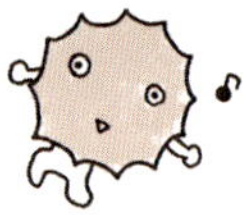

# イライラの正体は自分を守る「防衛本能」

なにか受け入れがたいことがあったとき、怒りがわいてくるのは自然なこと。誰にでも生まれてくる感情です。「私はなんて小さい人間なんだろう」と否定する必要はありません。

でも、カッとなって怒りをそのまま出してしまうのは、とっても危険。それは、怒りで判断力が鈍り、自分をコントロールできなくなってしまうから。つい余計なひとことを言ってしまったり、ヤケになって大事なものを失ったりしてしまうかも……。

では、イライラの正体って？　それは、自分を守ろうとする「防衛本能」。

私たちは、本能的に自分が損をすると感じたとき、瞬時に戦闘モードに切り替わって、相手に対して攻撃的になってしまうのです。冷静になれば、「怒るほどのことでもなかった」と思うことさえ、感情的になると自分を守ることだけに集中して、まわりのことが見えない状態になります。だから、カッとなっても感情に任せた発言や行動をしないのが賢明。

それに、怒りというのは勢いで出してしまうと、さらに増してくるもの。理性的になれないときは、少し距離を置いて、やり過ごすことです。落ち着いてから、「怒りの原因」を自分に問いかけてみましょう。

また、ときには、他人のことでイライラすることもあるでしょう。でも、それはあくまで自分の問題ではなくて他人の問題。きちんと分けて考える必要があります。

## イライラの正体①
# 嫉妬

自分が欲しいものを持っている人に対して、快く思わない攻撃的な感情や、落ち込んだ感情が嫉妬です。

誰もが認めたくない「自分が劣っている」という感情。吐き出したいけれど、他人には大っぴらに見せるのもカッコ悪い。

嫉妬は、そんな敵対心、うらやましさ、憎たらしさ、惨めさ、不安などがごちゃ混ぜになった感覚です。それがだんだん激しさを増すと、憎悪や恨みになってしまうことも……。

相手にばかり目を向けて、あなたが嫉妬でイライラしたとしても、自分の気持ちが

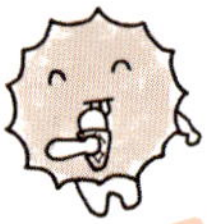

すり減るだけで、なんにもいいことはないんです！

イライラに、これ以上、大切な時間を使ってはダメ。

本当に比べるべきなのは、他人ではなく自分自身。他人より勝っているとか劣っているとか考えるよりも、今の自分がこれまでより成長していると思えたら、そのほうがずーっと幸せだと思いませんか？

嫉妬は苦しいものです。人とのいい関係を保ちたいなら、嫉妬をしないのがポイント。人の成功を一緒になって喜べる関係にしていきましょう。


**人と比較してイライラせず、自分の成長を感じましょう。**

イライラの正体①
嫉妬
うちの課に待望の新人さんがやってきました
よろしくお願いします
フレッシュ
わからないことがあったら何でも聞いてね
はいっ!
それできたらプリントアウトしてこのファイルにとじて
はいっ
仕事の覚えも早いしとってもいい子
おっ早いね
君が来てくれて、うちの課は助かったよー
いえいえそんなとんでもない
ちやほや
ちやほや
ムー

おもしろくない…
イラ
なによ
イラ
イラ
あの、教えていただきたいとこがあるんですけど
ごめん今忙しいから、あとでいい?
フィ
新人の子ってなんかいい子ぶってるよね
ちやほやされてさ~
…
そうかこれって嫉妬か…
こんなの嫉妬してどうすんの
それに仕事なんだから、ちゃんと教えないと…
あの子は悪くないんだし
私は私
自分の仕事がんばろう

# イライラの正体②
# 自己嫌悪

あなたが自己嫌悪になってイライラしてしまうのは、どんなとき？

「失敗したらどうしよう」と考えて、行動に移せなかったとき？　怠慢なところや失敗を犯したことに対して「なんてダメな私」と思うとき？

自己嫌悪に陥りやすい人は、ちょっとの失敗や、ちょっと指摘されたことを重く受け止め、まるで全否定されたように落ち込んで、立ち直れなかったりします。

失敗する自分を認められず、人前での失敗を怖がって消極的になるし、落ち込んですぐにあきらめてしまう、なんてことも。

でも、本当は失敗しなきゃわからないことばかり。何度も失敗しながら、少しずつ

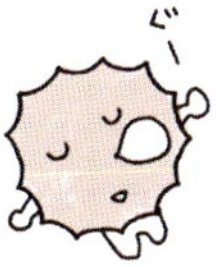


うまくいく方法を見つけ出せばいいのです。他人はあなたが思うほど気にしていません。失敗するということは、成功に一歩、近づいているということ。失敗のまま終わらせなければ、失敗にはならないんです！

なにもやらなかったり、簡単にやめてしまったりすることが、本当に恐れるべきこと。これって、もったいないと思いませんか？　自分の可能性にブレーキをかけることこそ、怒りや自己嫌悪に変わるイライラの元凶なんですよ。

自己嫌悪と付き合っていくには、自分のいいところも悪いところも受け入れること。理想と違う自分を許せるようになれば、自然と人も許せるようになるものです。

## 失敗は成功のもと。どんな自分も受け入れて。

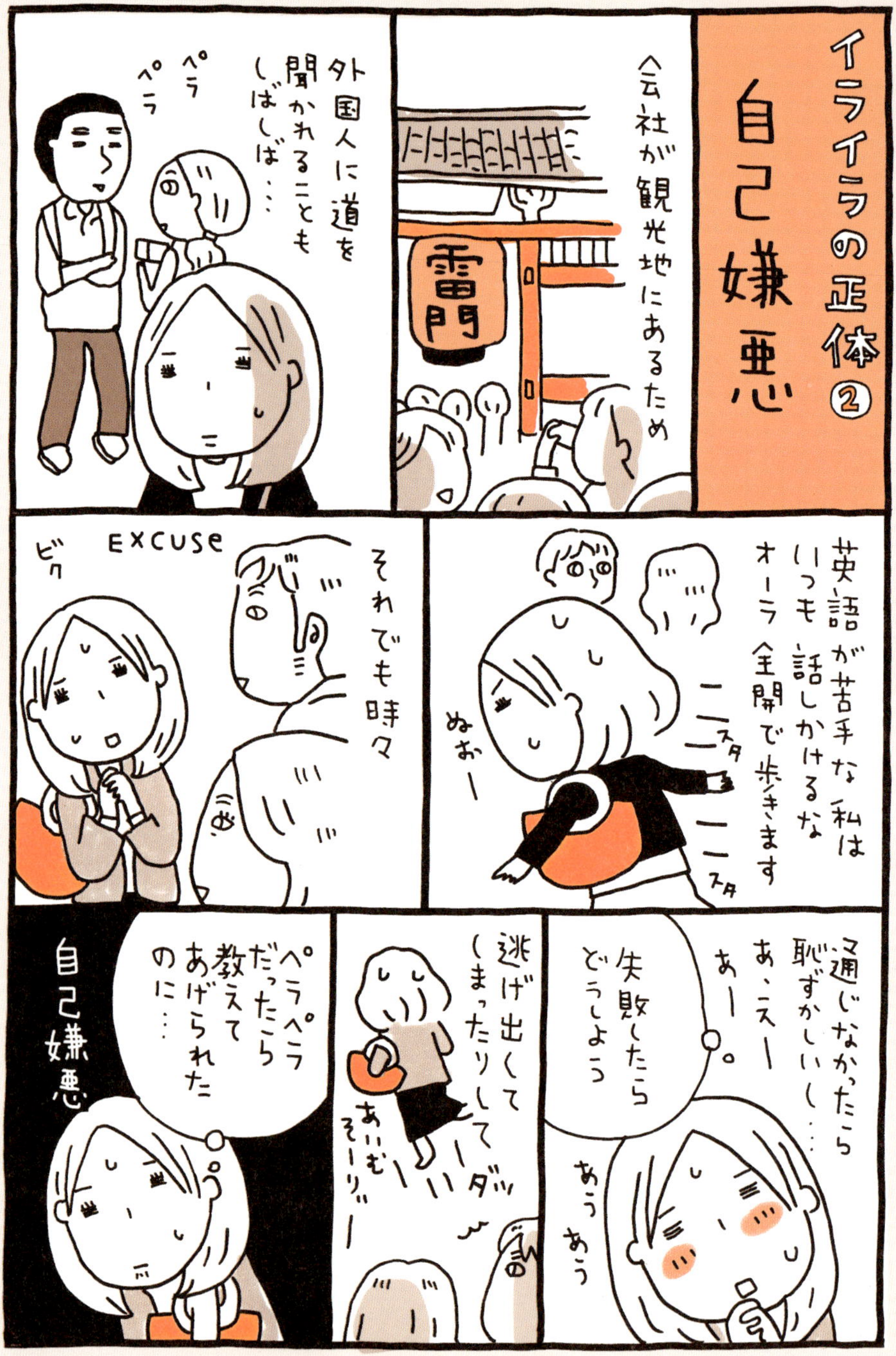
イライラの正体②
自己嫌悪
会社が観光地にあるため
雷門
外国人に道を聞かれることもしばしば…
ペラ
ペラ
英語が苦手な私はいつも話しかけるなオーラ全開で歩きます
ぬおー
スタ
スタ
それでも時々
EXCUSE
ビク
通じなかったら恥ずかしいし…
あ、えー
あー。
失敗したらどうしよう
あう
あう
逃げ出してしまったりして
ダッ
あいむそーりー
自己嫌悪
ペラペラだったら教えてあげられたのに…

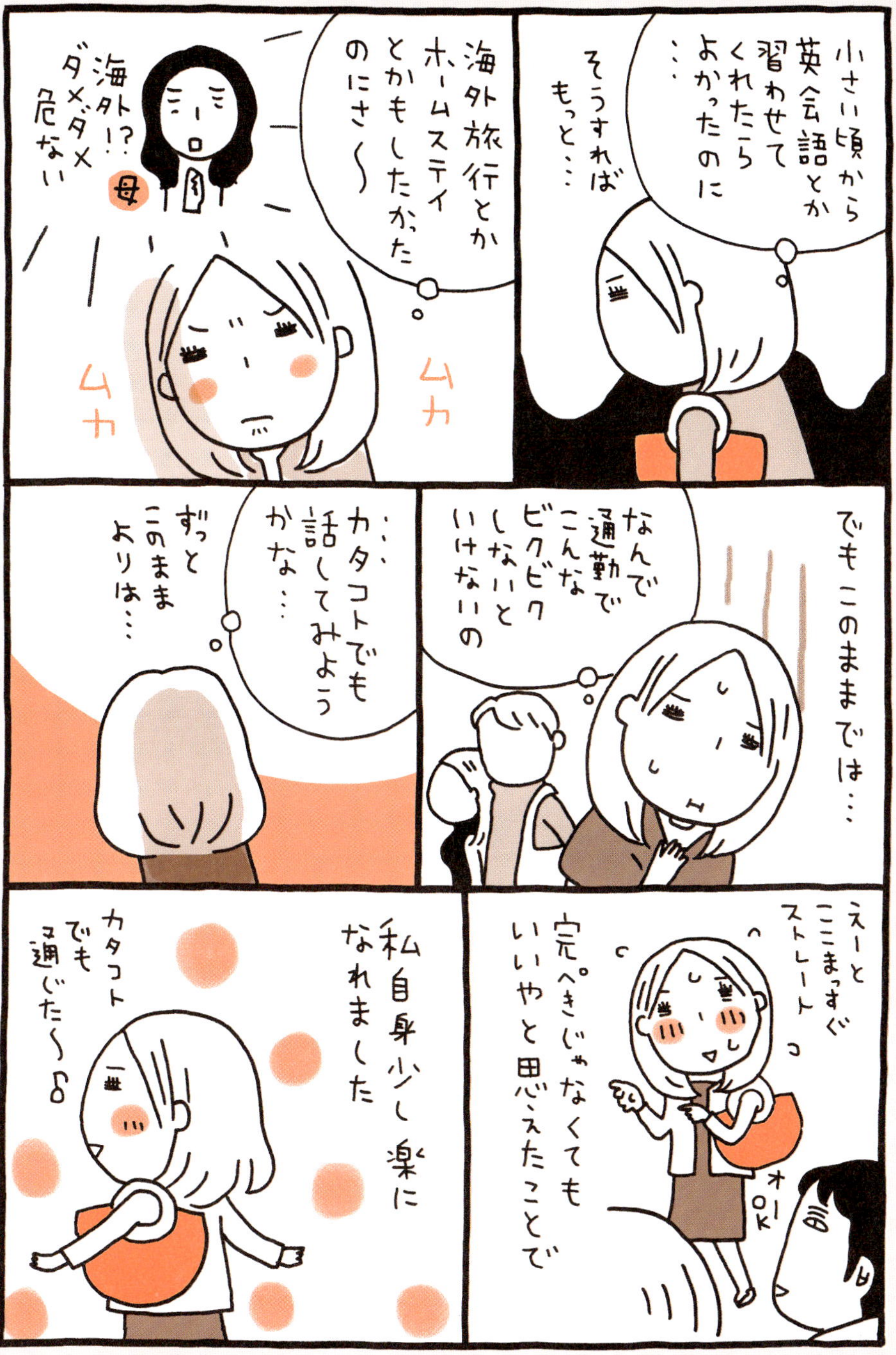
小さい頃から英会話とか習わせてくれたらよかったのに・・・
そうすればもっと・・・
海外旅行とかホームステイとかもしたかったのにさ〜
海外!? ダメダメ 危ない
母
ムカ
ムカ
でもこのままでは・・・
なんで通勤でこんなビクビクしないといけないの
・・・カタコトでも話してみようかな・・・
ずっとこのままよりは・・・
えーと ここまっすぐ ストレート
完ぺきじゃなくてもいいやと思えたことで
オー OK
私自身少し楽になれました
カタコトでも通じた〜♪

# イライラの正体③
# 後悔

後悔して、過去に執着すればするほど、それにとらわれて悪い状況に陥ります。「過去のことにイライラしないようにしよう」と考えた時点で、「イライラする自分」のイメージが強く刻み込まれて、またイライラするということを繰り返してしまいがち。

過去は変えられないけど、未来は変えられます。

「あのときこうしていれば……」と、くよくよ考えるのは、ただの妄想ですよ。過去は、自分の意志だけで決まったのではなく、なるようにしかならないということ。後悔した出来事をひっくるめたすべてが、あなたの今をつくっている大事な要素なのですから。過去は今にいたるプロセスなのです。

## 未来の自分のため、「これから」に目を向けて。

後悔することがあったら、「ひとつ賢くなった！」と思ってみましょう。それを教訓にすることで、失ったことじゃなく得たことを見つけられるはずです。

まず、今のありのままの自分を「これでいい」と受け入れることからはじめましょう。

今を否定している限りは、過去も否定することになります。過去の自分を肯定するためには、今を肯定する必要があるのです。時間がかかってもいいんです。

あなたが考えることは、過去の失敗を悔やむことではなく、「これからどうするか」ということ。後悔するのは、その一瞬だけ！　気持ちを切り替えて、引きずらないことが大切です。

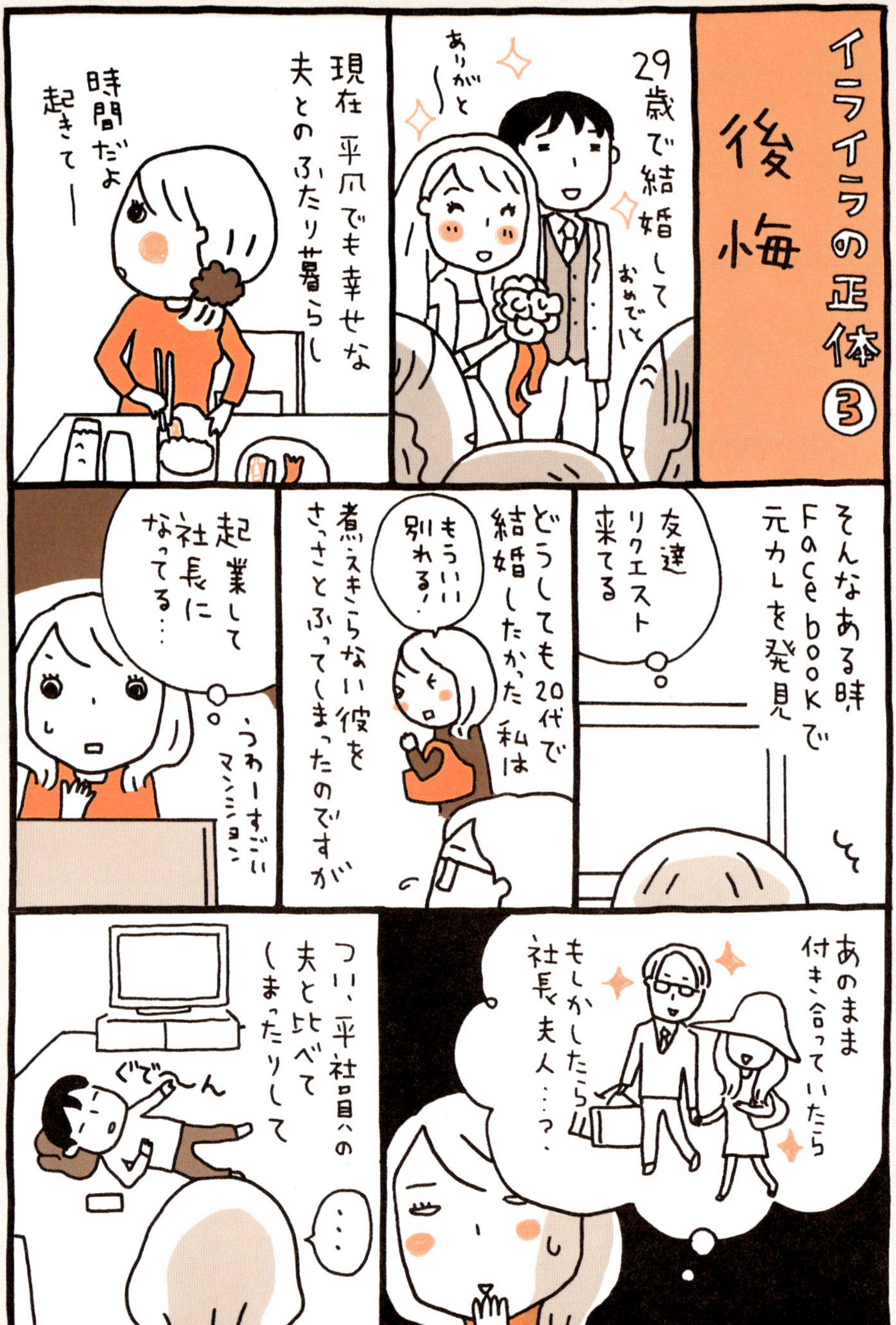
イライラの正体③
後悔
29歳で結婚して
ありがと〜
おめでと〜
現在 平凡でも幸せな夫とのふたり暮らし
時間だよ起きてーー
そんなある時Facebookで元カレを発見
友達リクエスト来てる
どうしても20代で結婚したかった私は
もういい別れる!
煮えきらない彼をさっさとふってしまったのですが
起業して社長になってる…
うわーすごいマンション
あのまま付き合っていたらもしかしたら社長夫人…?
つい、平社員への夫と比べてしまったりして
ぐで〜ん
…

給料日前につい思い出したり…
ハー
今月も赤字かぁ
あの時、元カレをふってなかったら…
きっとこんな赤字とは無縁…
あーあ
思い出しては後悔してイライラ
うわーパーティーしてる
もったいないことした〜
しかし
あれ体調悪い…？
フラ
う〜ん
ガラ
えっ会社どうしたの!?
大丈夫か？
具合悪いっていうから早退してきたよ
リンゴ買ってきた
じ〜ん
そっか元カレと別れたから
こんなにやさしい夫に出会えたんだな…
てへ

1章

# まとめ

## イライラ＝防衛本能

### ＜ 怒りの原因と対処法 ＞

#### 嫉妬

他人と比較して優劣を競うことよりも、
自分自身の成長を感じることが大切。

#### 自己嫌悪

失敗は、少しずつ成功に近づいている証。
自分のいいところも悪いところも受け入れて。

#### 後悔

変えられない過去に執着するよりも、
未来の自分のために「これから」を考えましょう。

## 自分の問題と他人の問題を分けて考えよう

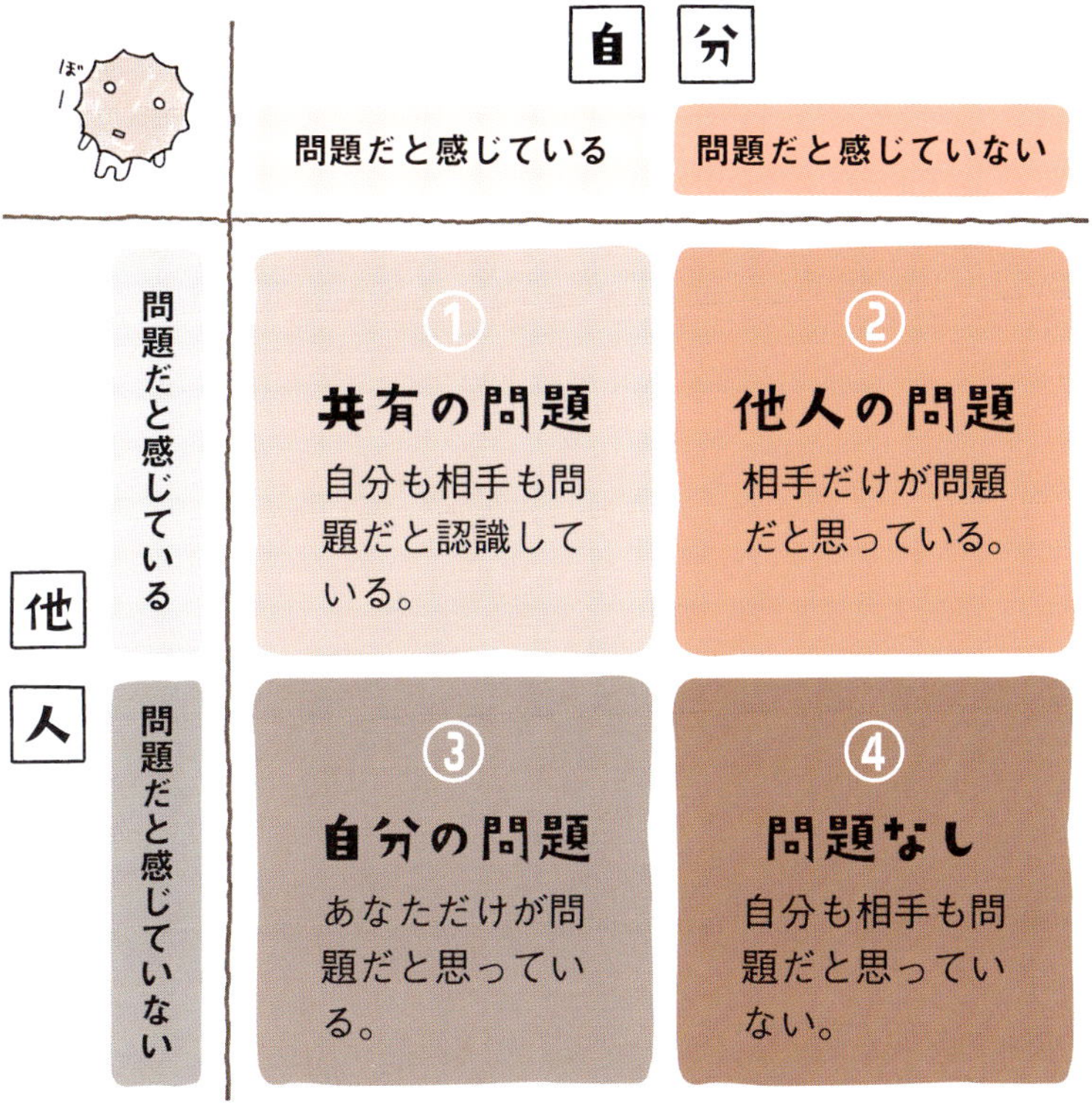


図のように分けて考えると、問題がどこにあるのかはっきりします。①はお互いに問題だと認識しているので、話し合いで解決を。お互いに問題だと感じていない④からは、イライラは生まれないはず。しかし、片方だけが問題だと感じている②、③は要注意。自分の問題は自分で解決するしかありませんが、他人の問題ならイライラして余計な時間を使っても、あなたの得になりませんよ。

次はやってしまいがちなイライラ行動について
胸に手を当てて考えてみて

# 2章

# あなたは<br>こんなこと<br>していませんか？

# 『自分のイライラがコントロールできない』

**原田 みなみさん　29歳　販売**

子供の頃からのんびり屋ではあったが、友人たちの結婚ラッシュの波にも完全に乗り遅れる。母親やまわりからも結婚を心配され、焦りとプレッシャーで少々うんざり。

30歳を目前にまわりは結婚ラッシュ
おめでとー
幸せそうな友人を見ていると
私だけ置いてかれているようで
にこにこしなきゃってわかってるのに
幸せそうでいいなあ
くっそーうらやましい
ついひどい態度をとってしまうこともしばしば
ヒク
ヒク

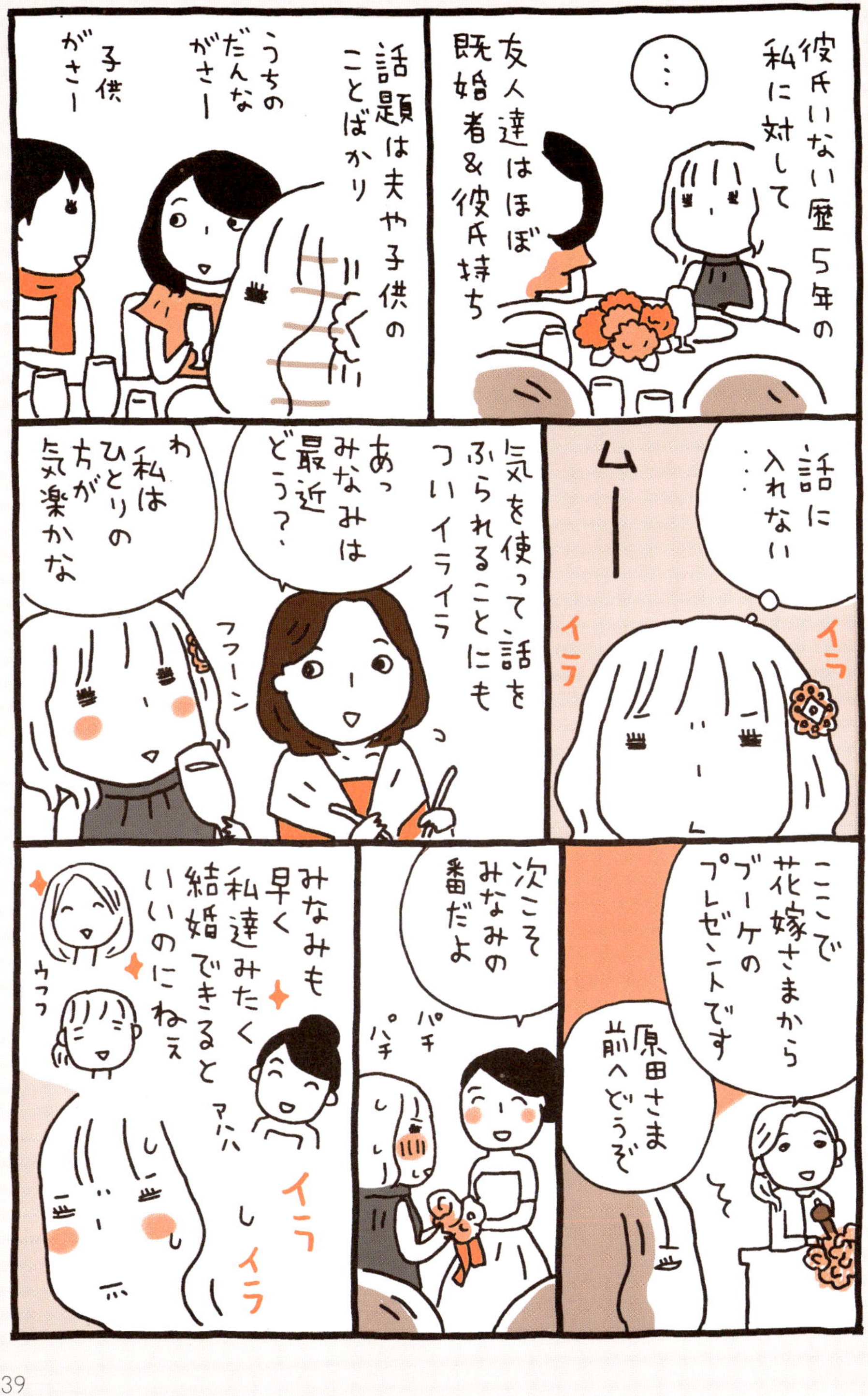

彼氏いない歴5年の私に対して
友人達はほぼ既婚者&彼氏持ち
…
話題は夫や子供のことばかり
うちのだんながさー
子供がさー
話に入れない…
ムー
イラ
イラ
気を使って話をふられることにもついイライラ
あっみなみは最近どう？
わ私はひとりの方が気楽かな
フフーン
ここで花嫁さまからブーケのプレゼントです
原田さま前へどうぞ
次こそみなみの番だよ
パチ
パチ
みなみも早く私達みたく結婚できるといいのにねぇ
アハハ
ウフフ
イラ
イラ

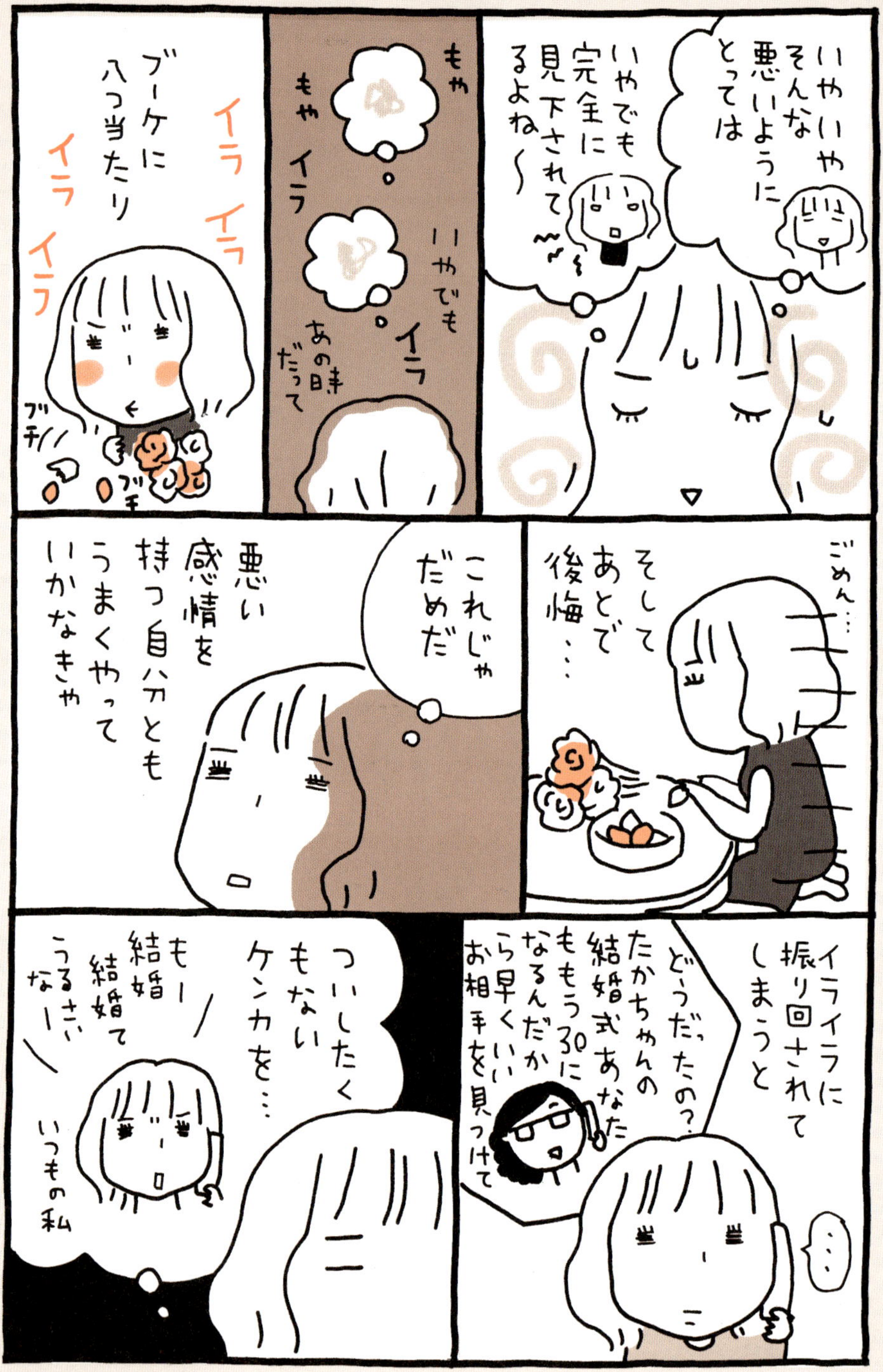

いやいや そんな悪いように とっては
いやでも 完全に見下されてるよね〜
もや もや イラ
いやでも イラ
あの時だって
ブーケに八つ当たり
イラ イラ イラ イラ
ブチ
ブチ
そして あとで後悔・・・
ごめん・・・
これじゃだめだ
悪い感情を持つ自分とも うまくやっていかなきゃ
イライラに振り回されてしまうと
どうだったの？ たかちゃんの結婚式 あなたももう30になるんだから早くいいお相手を見つけて
・・・
ついしたくもないケンカを・・・
もー 結婚結婚てうるさいなー
いつもの私

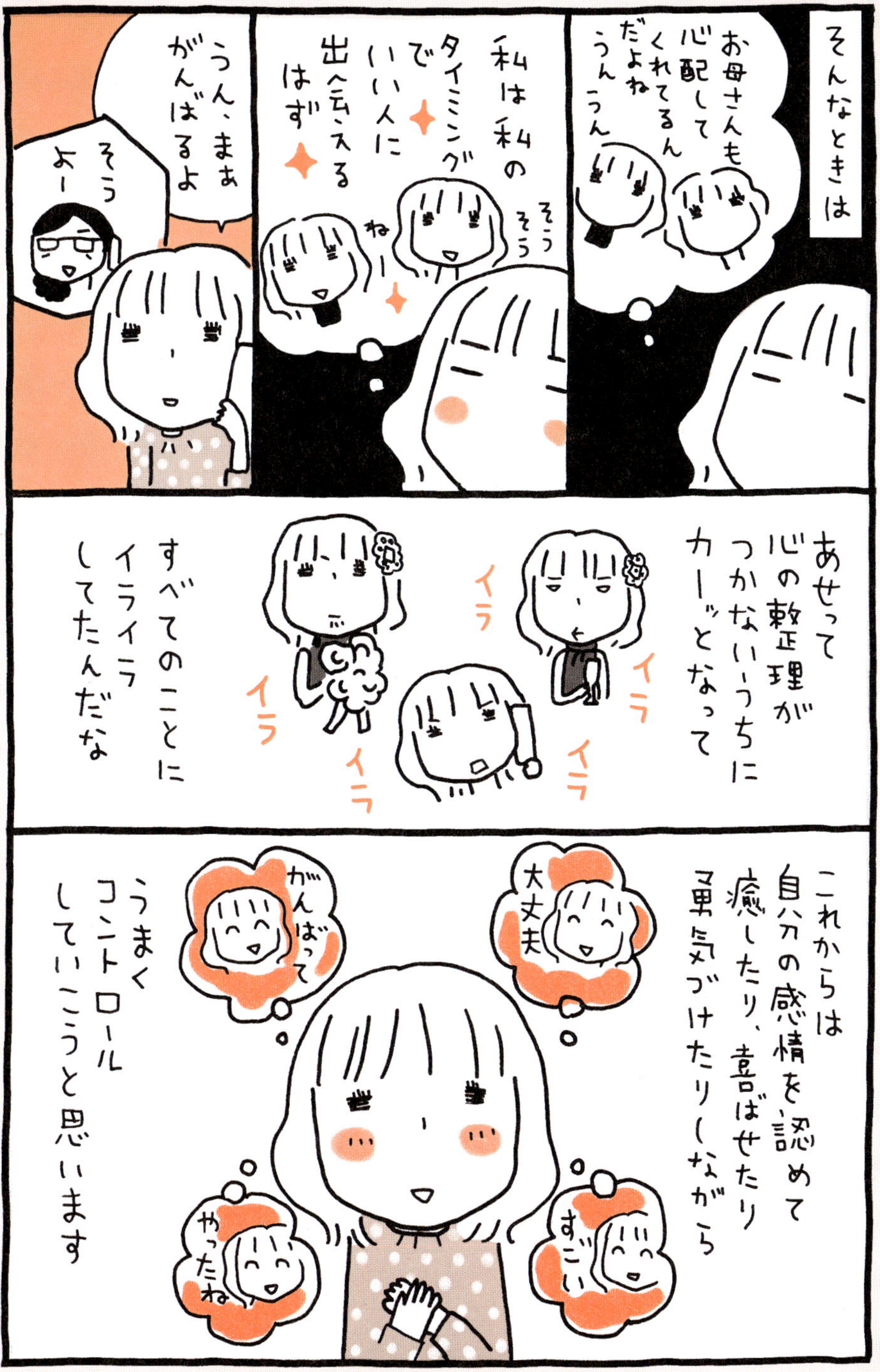
そんなときは
お母さんも心配してくれてるんだよね
うんうん
私は私のタイミングでいい人に出会えるはず
そうそう
ねー
うん、まあがんばるよ
そうよー
あせって心の整理がつかないうちにカーッとなって
イラ
イラ
イラ
イラ
イラ
すべてのことにイライラしてたんだな
これからは自分の感情を認めて癒したり、喜ばせたり勇気づけたりしながらうまくコントロールしていこうと思います
大丈夫
がんばって
すごい
やったね

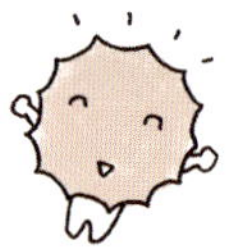

# まわりのやさしさに甘え、自分だけがいつもイライラ

イヤなことをすぐ顔に出したり、ちょっとのことで取り乱したり、人のミスをここぞとばかりに非難したり……。

いつも仏頂面で、なにを考えているかわからない人は、たとえ仕事ができたとしても、愛されず、信頼もされません。

不機嫌な人は、まわりが自分のイライラを察してくれて、許してくれるだろうと思っているから不機嫌でいられるのです。心配して「どうしたの？」「大丈夫？」と聞いてくれるのを待っていたり、関心を集めて「愛されたい」という思いから、まわりに甘えてイライラを見せたりしているのかもしれません。

でも、そんなにイライラした人が身近にいたら、とばっちりを受けないように近づきたくないって思いますよね？　いつもイライラしている人は、子供っぽく見えます。そしてなにより、幸せそうに見えません。「満たされていないのかも」「孤独なのね」と見られ、かわいそうな人とさえ思われてしまいます。

人は単純に、機嫌の悪い人よりも機嫌のいい人が好き。好きな人なら助けたい、応援したい、一緒に仕事をしたいと思うでしょう。ちょっとくらいミスしたって、許してくれますよ！　イライラしても愛されないってことを、肝に銘じておきましょう。

# いつでもどこでも いい人でいようとしている

私たちは、毎日の中でいろいろな〝いい顔〟を期待されます。

いい部下、いい先輩、いい妻、いいママ、いい友人……。相手にとってのいい人になろうと無理をしたり、言いたいことを我慢して、期待にすべて応えようとがんばったりすると、ぐったりですよね。

それは、「嫌われたくない」と思っているから。

無理をして必死にがんばっても、思い通りにいかなかったり、理想の自分とのギャップがあったりすることからイライラが生まれ、慢性化していきます。いつか疲れ果てて、「もう、やーめた」と放り出してしまうことになりかねません。無理をして「いい人」

を取り繕ったって、どこかで素の自分は出てきてしまうもの。

もちろん、人の期待に応えるのは大事なこと。相手の期待を少しでも上回れば、相手は喜ぶし、ほめてもくれるでしょう。だけど、すべての期待に応えるのは無理。完ぺきじゃなくても、大事なポイントを押さえれば、それでOKです。

大丈夫。できないところは、素直に「助けて」と言ってみて。自分がやれるだけのことを責任を持ってやれば、みんなが認めてくれますよ。

自然に、等身大の自分で付き合える関係を築いていきましょう。

# 嫌いな人がいっぱい。相手を理解しようとしない

人は、他人を好き嫌いで見ています。しかし、それがはっきりしすぎているのも困りもの。

嫌いな人には、近づきたくないし、できれば避けて通りたいというのが正直なところ。でも、避けているだけではイライラが消えてなくなるわけではありませんよね。イヤでも付き合わなければいけない相手なら、なおさら。それなら、最初から「嫌い！」と敵対心を持たず、「いい人かも」と思って接したほうが、心の負担は軽いし、もしかしたらおもしろい話が聞けたり、助けてもらえたりすることもあるかもしれません。

それに、イライラして怒っているときは、自分を守ることに必死で、コミュニケーションがとれなくなっている状態。お互いに怒っているんだったら、さらに手に負えません。

誰だって、自分のことをわかってほしいと思いますよね。主張ばかりする人や、自分のことを否定する人は嫌いで、自分の話を聞いてくれる人は好き。

自分のことをわかってくれる人が相手なら、ちゃんと話を聞こうと思うし、わかり合いたいと思うもの。

あたりまえのことなのに見落としがちですが、どちらかが一方的にわかってくれる、都合のいい人間関係なんてないってことです。

**相手のことを理解しようと思えば、相手も認めようとしてくれるもの。**

# イライラを引きずって、いろいろなことが許せない

イライラが収まらず、ダダっ子のように体中で「気に入らない」と叫んで、手足をバタバタさせたくなるような、どうしようもない気持ちになることってありませんか？　思いつくだけの気分転換をしても、時間を置いても、頭の中はずーっとイライラに占領されて、いつまでもイライライライラ……。

こうなったらもう、根本的な考え方を変えるしかありません。

自分の心に「どうしてほしい？　どうしたい？」と、本音を聞いてみて。そして、心が望むままにすればいいんです。相手に言いたいことがあれば、言えばいい。離れたいなら、離れればいい。

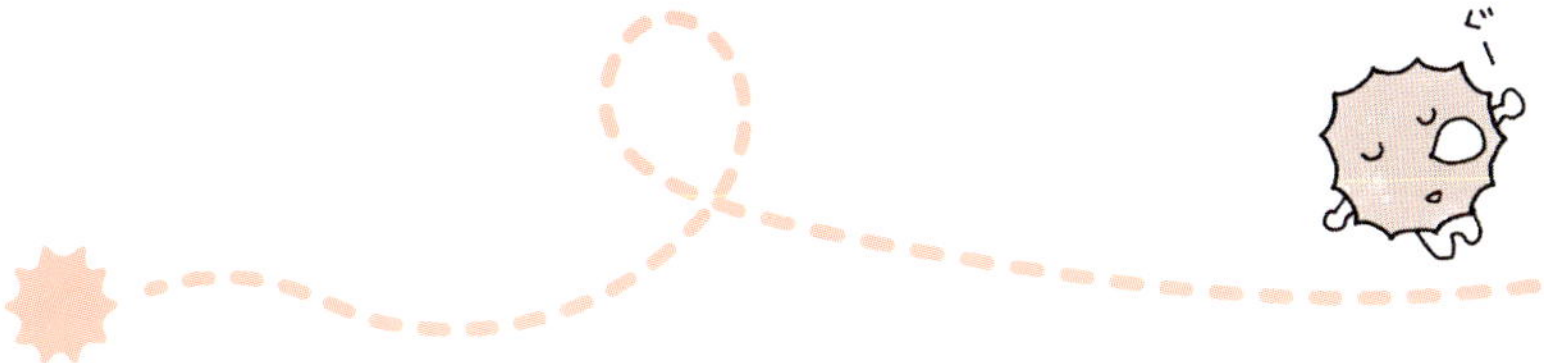


　それだけのことなんです。ね、本当のところはごく簡単でしょ？
　他にも、自分の中に「こうじゃなきゃダメ」という固定観念があると、イライラを正当化していろいろなことが許せなくなる要因に。これらは、視野を狭くしてしまいます。自分の期待からはみ出たものに、いちいちイライラしていたら、あなたが疲れるばかり。
　「～のせいで」「～したのに」と思う代わりに、「気づかせてもらった」と考えてみましょう。ほんのひとかけらでも自分のプラスになったことが見つけられれば、いい経験になったと受け止められ、だんだんイライラがしぼんでいきますよ。

# 自分の幸せが見つけられず、ないものねだりしている

どうしようもないことはわかっていても、「こんなはずじゃなかったのに」と口に出してしまうことはありませんか？

それは、あなたがどこかで今の状況を受け入れられていない証拠。

すべて自分で選んできた道でしょう？　「結婚のために仕事を辞めなきゃよかった」と嘆く人も、独身で働いたり、家庭と仕事を両立させたりすることよりも、今の状態を選択したということ。すべて、思い通りになっているのです。

自分が望んで選んだものなのに、それがあたりまえになると、隣の芝生が青く見えちゃうんですよね。でも、近すぎて見えなくなっているだけ。ちゃんとある幸せに気

づいて「十分幸せ」と思えたら、うらやましいなんて思わなくなるはずです。

きっと、自分の状況を不満に思う人は、いつでもどこでもどんな状況になっても不満を抱くでしょう。幸せは高望みした先にあるのではなく、心の持ちよう。

わざわざ自分が持っていないものと、他人が持っているものを比べる必要はありません。あなたのまわりにある幸せに、もっと目を向けてみましょう。

今いるその場所で、小さな喜びを見つけていくことが、幸せへの近道になるのではないでしょうか。

# 気の進まない付き合いをしている

まわりに気を使って、合わせることばかりを考えていませんか？

「どっちでもいいです」をよく口にしている人は、要注意です！　まわりに振り回されて、常に不満やイライラを抱える状況に自分自身を追い込んでいるのでは？　それは、まわりに合わせようとがんばりすぎて、自分がどうしたいのかさえもわからなくなっているからかもしれません。

自分がなにを望んでいるか、どうすればいいかを知っている人は、ブレない自分の軸を持っているので、さりげなく自分をアピールすることができます。言っていい状況かどうかということもありますが、言い方次第では「ちゃんと自分を持っている人」

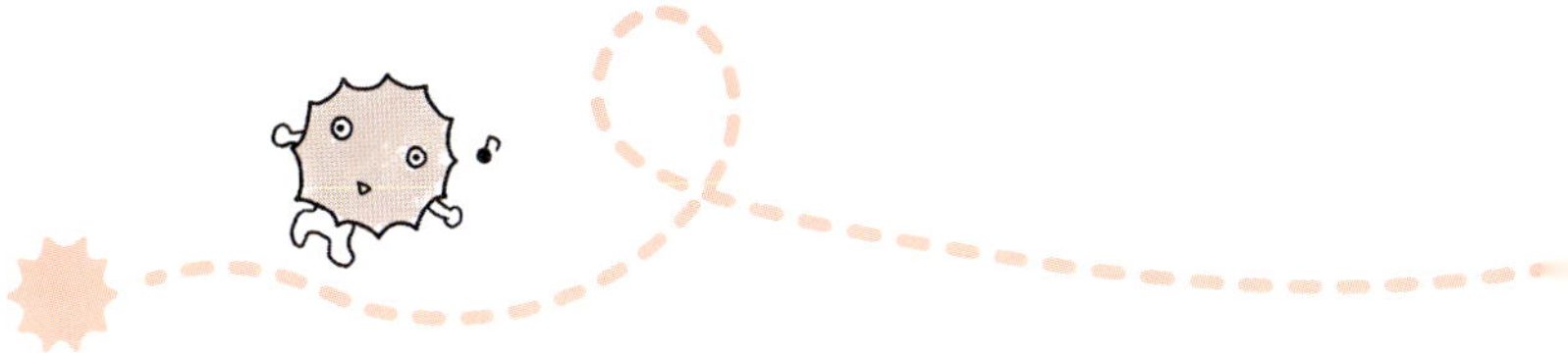

と思われることもあるのです。

食事に行くとき、「食べたいものは？」と聞かれたら、自分が食べたいと思うものを提案してみる。二次会、三次会と、だらだら続く飲み会に参加しない。抱えきれない仕事は、早めに応援要請して助けてもらう。

ちょっとくらい、〝わがままな自分意見〟を主張したっていいんです。「にっこり・あっさり」自分の気持ちを伝えれば、あなたはそういう人なんだって扱ってもらえますよ。

明日は早いのでこれで失礼します
すみません二次会行けなくて
えー そうなんだ
残念だけどまたね

# 待ちの姿勢でいるから イライラ時間が増える

待つ時間って、ほんの数分でも、たとえ数秒でも、私たちをイライラさせますよね。早くなるわけじゃないのに、エレベーターのボタンを連打する人、よく見かけます。

このイライラ時間を減らすためのひとつの方法は、〝待たない〟ことです。つまり、相手次第の受け身の時間ではなく、自分時間にしてしまうこと。

待つ時間ができてしまったら、「ちょうどよかった」とつぶやいてみましょう。

「返信していなかった相手にメールを送る」「不要なレシートを整理する」など、意外と有効に時間を使えるかもしれません。

無駄な待ち時間をつくらないために、積極的な工夫をしてみましょう。たとえば、待ち合わせは「店内」。喫茶店ならゆっくりコーヒーを飲みながら本を読んでいられるし、家電量販店ならおもしろい家電を探していられます。これなら待たされても気になりませんよね。

「遅れる」と連絡があっても、イライラしないで気軽に「大丈夫だよ〜。急がなくていいから、気を付けて来てね」って言えるし、相手が来てもにっこり笑顔で「早かったね」と言ってあげることができます。

また、楽しいことの待ち遠しさにイライラする人がいないように、結果を期待して待つのもおすすめ。想像をふくらませて、待つこと自体を楽しんじゃいましょう。

# スケジュール帳をいっぱいにしている

「毎日を充実させよう！」とがんばっている人ほど、ついついスケジュールをいっぱいにしがち。しかし、欲張りすぎは禁物です。

キツキツに詰め込んでしまうのは、スケジュール帳が埋まっていると充実している気がして、安心するからでは？

詰め込んだ予定をこなそうとすると、消化できないことに焦ったり、予定通りいかないことにイライラしたりするハメになってしまいます。

予定をこなすことだけに必死になるなんて、もったいない！　もっと楽しまなくちゃ。結局、「もういいや……」と投げ出してしまうことになったら、一気に失望感でいっぱいになってしまいますよ。

量をこなすことがすべてじゃないんです。ひとつひとつを丁寧に、自分の時間にちゃんと向き合っていけたら、もっと充実感が得られるのではないでしょうか。

「やらなきゃいけない」義務感で、こなすためだけにがんばるより、肩の力を抜いて「もうちょっと、もうちょっと」って上を目指したほうが、きっとあなた自身が楽しいし、輝いていられるはず。

あなたにとっての「本当に大事なこと」を優先して、ときには「本当はやらなくてもいいこと」を勇気を持ってばっさり捨ててしまったっていいんですよ。

## こなすためにがんばるより、余力を残し意欲的に進めよう。

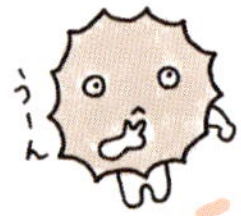


# 人に厳しく、自分に甘い。自分基準で見てしまう

他人のことはシビアに見ても、自分のことは甘くなりがちなもの。人は、自分基準で相手を見て、基準から外れている部分にイライラします。一方的に「直してほしい」という目で見ている限りは、同じことに毎回イライラして、悪化すると相手の顔を見ただけでイヤ~な気分になってしまうほど。

イライラするツボや程度は、人によって違うものです。だけど、他の人なら絶対許せないことでも、相手が大好きな人であれば、許せてしまうこともありますよね？　大好きとか、もっと仲良くなりたいとか、友好的な感情があると、相手への基準もゆるくなって、大目に見られるでしょう。

人はどうしても「人に厳しく、自分に甘く」なる生き物なんです。誰だって、本当は自分のことがいちばんかわいいもの。怒りっぽい女性は、その〝自分中心〟基準がさらにパワーアップしているし、それに気づかないからまわりが手を焼くんですよね。

自分のイライラのツボを知っておくと、その場面に直面しても「そうそう、いつもこのことでイライラしちゃうんだよね〜」と、一歩引いて冷静に受け止めることができるでしょう。

同時に、自分に置き換えて謙虚になることも忘れずに！

# 時々、怒りのスイッチが入ってしまう

あとから考えればたいしたことでもないのに、ふとした出来事でせきを切ったようにキレてしまうことはありませんか？　イライラして、怒りっぽくなっているときは、別のマイナスな感情を併せ持っていることが多いものです。

イライラを爆発させた出来事は、ただのきっかけ。自分でもちゃんと気づいていない、別のモヤモヤがあったのかもしれません。ふとしたきっかけで怒りのスイッチが入ってしまうと、目をそらしてきた複雑な感情までもごちゃ混ぜになって、一気に噴き出してしまうのです。

心には、抱えきれる限界があります。ずっとため込んでいると、いずれいっぱいいっ

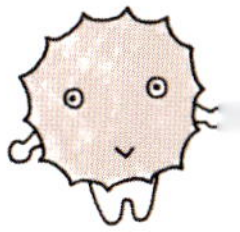

ぱいになって、あふれてしまいます。だから時々、ため込んだモヤモヤを放出してあげましょう。

そして、特に注意してほしいのは、親や子供などの身内には、スイッチが入りやすくなるってこと。遠慮をしなくていい関係なだけに、エスカレートしやすいんです。

マイナスの感情だって、イヤなことを考えてしまう自分だって、ひとりで抱え込まなくていいんです。信頼のおける人に話を聞いてもらったり、ストレスを発散したりしながら、心に余裕を残しておきましょう。

## 心にたまったモヤモヤはこまめに放出して。

# 完ぺきを目指して、結局、自己嫌悪

目標を高く持つのは素晴らしいこと。だけど、結果に完ぺきを求めてしまうと、できなかったときに自己嫌悪に陥ってしまいます。

放置した自己嫌悪は、百害あって一利なし！「自分はダメな人間」と勝手に思い込んで、できることもできなくなるし、人の顔色をうかがって本来の自分も出せなくなります。

自分で自分を否定していたら、人にやさしくできなくなることもあるでしょう。ひどくなると、自分のことさえどうでもよくなってしまいます。

バイオリズムのように、いいこともあれば、悪いこともあるのが人生。よくないと

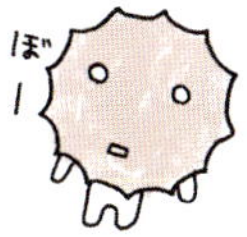


きは「あとは上がるだけ」と楽観的に、いいことが続いたときは「調子に乗りすぎないように」と戒めればいいのです。

たとえ大きなミスをしてしまっても、自分を責めすぎてはダメ。自己嫌悪ではなく教訓にして、これからのことを考えましょう。

完ぺきな人など、どこにもいません。完ぺきじゃなくていいじゃありませんか！ちょっとヌケているくらいが、親近感がわいて愛されるんです。まずはあなたが、自分のことを認めてあげましょう。

# 厳格さに追い込まれて、怒りの沸点が低い

日本の素晴らしさとして紹介されることの多い、「時間の正確性」「礼儀正しさ」。ちゃんと時間通りに電車が来て、バスが来て、みんなが時間を守るところ。あいさつや敬語、相手に対する心配りは、他の国ではあまりお目にかかれない〝日本のよさ〟であり、〝日本人の誇るべき特長〟でしょう。

しかし、それが厳しすぎると、イライラに変わります。ストイックなあまり、その厳しさが自分や他人を追い込んでしまうことも少なくありません。遅刻、あいさつの仕方、身だしなみ、後輩のタメ口……、ちょっとのことにも目くじらを立てて、我慢ならずイライラ。

でも、よく考えてみて。実は、あなたがイラッとしているのは意外とくだらないことで、怒りの沸点が低くなっているだけかもしれませんよ。

日本人の長所も、度を越えれば自分もまわりの人もがんじがらめにして苦しめているということ。

日本に比べて他の国は大らかで、いい意味でもっといい加減。大変なことだって、「大丈夫。問題ないよ！」で済んでしまいます。

ときに厳しさも必要ですが、イライラがひどくなりそうになったら、自分には開き直ってちょっとだけ甘やかし、他人には太っ腹で寛大に受け止めましょう。

# 友人にイライラ・モヤモヤを、吐き出せない

あなたには、相談できる人がいますか？

相談できる人がいるのは、頼れる人がいるということ。誰だって、悩みやモヤモヤとした感情をひとりで抱えるのはツライですよね。話を聞いてくれる人がいるのは、本当に心強い。聞いてもらうだけで心が軽くなるし、他人が別な角度から見ればあっさり解決できてしまうこともあるかもしれません。

イライラは、自分の中にため込んじゃダメ。どんどん吐き出していきましょう。感情のはけ口がないと、心と体にシワ寄せがきたり、他のものに八つ当たりしてしまったりするようになります。

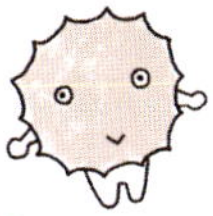

ただし、人を選ばず誰にでもイライラを吐き出すのはＮＧ。「愚痴っぽくて文句の多い人」のレッテルを貼られてしまいますよ。ちゃんと受け止めてくれる、信頼のおける相手との人間関係をつくっておきましょう。

話を聞いてもらうときには、ダラダラした愚痴にならないように、あっけらかんと明るく。悲しいこともイヤなことも全部、自虐的なネタとして、おもしろおかしく話して、笑い話に変えちゃいましょう。

感情を吐き出しているうちに、あなたの中でイライラを片づけて、消化することができていくはずです。

## あっけらかんと明るく話し、聞いてもらって消化しよう。

2 章

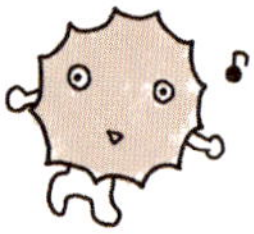

# まとめ

## あなたのイライラ度は？

**いつもの自分を振り返りながら、イライラポイントがどこにあるかチェックしてみましょう。ネガティブな感情を抱くかどうかは、あなたにどんなことが起きるかという問題ではなく、それをどんなふうに受け止めていくかの問題なのです。**

□ **自分のイライラがコントロールできない**

→ いい感情も悪い感情も自分の感情を認め、癒したり、喜ばせたり、勇気づけたりしながら、愛情を持ってうまく付き合っていきましょう。

□ **まわりのやさしさに甘え、自分だけがいつもイライラしている**

→ 人は、ご機嫌な人が好きだし、好きな人なら助けたい、応援したいと思うもの。イライラしたって愛されません。

□ **いつでもどこでもいい人でいようとしている**

→ 無理をしていい人になろうとしても、どこかで素の自分が出てきてしまうもの。完ぺきじゃなくてもポイントを押さえればOK。

□ **嫌いな人がいっぱい。相手を理解しようとしない**

→「嫌い」と避けて通らず、相手のことを理解しようとすれば、相手もあなたのことを認めようという姿勢になってくれるものです。

□ **イライラを引きずって、いろいろなことが許せない**

→ 自分のプラスになったことを見つけて、出来事を肯定的に受け止めましょう。徐々に心を落ち着かせることができるはず。

□ **自分の幸せが見つけられず、ないものねだりしている**

→ 自分が持っていないものと、他人が持っているものを比べる必要はありません。もっと、あたりまえにある幸せに目を向けて。

□ **気の進まない付き合いをしている**

→ まわりに振り回されず、ブレない自分の軸を持ち、「にっこり・あっさり」自分の気持ちをアピールして。

□ **いつでも待ちの姿勢でいる**

→ 受け身の時間にせず、自分の時間にしてしまいましょう。「待たない」とこでイライラする時間を減らすことができます。

□ **スケジュール帳をいっぱいにしている**

→ 予定を欲張って詰め込みすぎず、優先順位を大事にして、「やらなくてもいいことはやらない」勇気を持ちましょう。

□ **人に厳しく、自分に甘い。自分基準で見てしまう**

→ 自分のイライラするポイントを知り、相手のことは大目に見て、自分のことは謙虚に。イライラしたら一歩引いて考えてみましょう。

□ **時々、怒りのスイッチが入ってしまう**

→ 不満やイライラがたまっていたり、疲れたりしているときは、怒りのスイッチが入りやすいとき。こまめに感情を吐き出しましょう。

□ **完ぺきを目指して、結局、自己嫌悪に陥る**

→ 結果に完ぺきを求めすぎず、完ぺきじゃない自分も認めてあげましょう。開き直って、前に進むことが大事です。

□ **厳格さに追い込まれて、怒りの沸点が低い**

→ 度を越した厳しさは、イライラのもと。自分には開き直ってゆるく構え、他人には太っ腹で寛大に受け止めて。

□ **友人にイライラ、モヤモヤを吐き出せない**

→ イライラを吐き出すことで、自分の心を整理できます。話を聞いてもらうときには、あっけらかんと明るく話すことがポイント。

自分のイライラを認めて感情をコントロールしていきましょう

# 3章

# イライラしない習慣を身に付ける

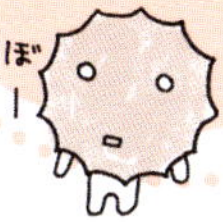

# 『イラつかない習慣と考え方を身に付けよう』

**土屋 結子さん　32歳　ワーキングマザー**

フルタイムの仕事と子育ての両立に奮闘中。なんでもきちんとしたい派なのに、息子に振り回されて自分時間も取れず、疲れもピークに。怒ってばかりの自分がイヤ。

仕事と子育ての両立に悩む1児のママです
ゆうたー起きたーー？
平日の朝は
もういいの？
やー
ママオレのくつ下はー？
えー？
ホラ着がえるよー
毎日が時間との戦い
時間がない時に限って息子はいろいろやらかすし
びしゃ
びしゃ
ゆうたーー!!
何やってるの！せっかく着がえたのにも〜
わーん
だめー

手のかかる息子は現在2歳
もー
これ着て
ホラ
プーイ
イヤイヤ期まっ只中
着なさいって言ってるでしょー
キャー
何でもかんでもイヤイヤで…
いらない
やだー
わーん
私はもうイライラの限界…
イラ
イラ
イラ
正直もてあましてます…
ママもお仕事行かなきゃいけないんだから
これいやー
やっとこさ息子を保育園に連れてって
おはよう
よろしくお願いします…
わーーん

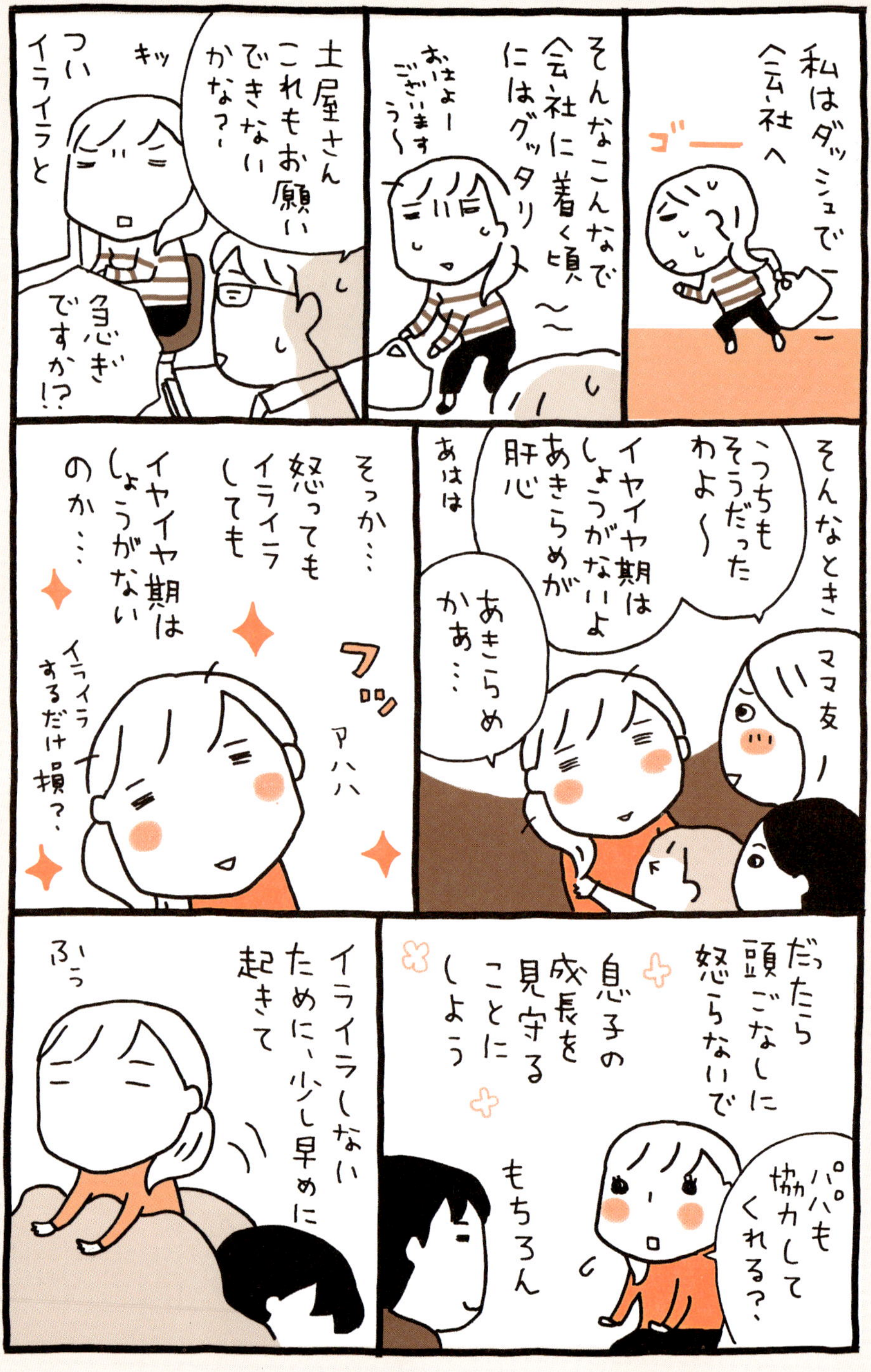

私はダッシュで会社へ
ゴー
そんなこんなで会社に着く頃にはグッタリ〜
おはよーございますぅ〜
土屋さんこれもお願いできないかな?
キッ
急ぎですか!?
ついイライラと
そんなときママ友
うちもそうだったわよ〜イヤイヤ期はしょうがないよあきらめが肝心
あはは
あきらめかあ…
そっか…怒ってもイライラしてもイヤイヤ期はしょうがないのか…
フッ
アハハ
イライラするだけ損?
だったら頭ごなしに怒らないで息子の成長を見守ることにしよう
パパも協力してくれる?
もちろん
イライラしないために、少し早めに起きて
ふっ

息子や夫が起きる前に
自分だけのリラックスタイム
今日もがんばろ
息子にはできるだけ怒らないように…
これやだー
おいしいよ～じゃあママもらっちゃうぞ～
以前よりイヤイヤも少し落ちついてきた気がします
やだ食べる
よしじゃあがんばって食べよ
仕事でもイライラしなくなり
見積り出しておきました～
順調
おっ早いね助かるよ
気持ちを切りかえられたことがよかったのかも
おむかえだよ～
ママー
これからもイライラしないことを目標にがんばります
ママのごはんおいしいねー
ねー

# 感情をコントロールできるスキルを身に付けよう

自分の感情をコントロールできなくて、怒りたくないのに怒ってしまうことはありませんか？

それは、頭は「怒りたくない」と理性的に考えているのに、心は「怒りたい」という矛盾した感情を抱いているから。

人前で怒ったり、ネガティブな感情をあらわにしたりするのは、恥ずかしいことです。「私の心では、これ以上受け入れられませんよ〜。器の小さい人間なんです」と言っているようなものなんですから。

仏教の『法句経《ほっくきょう》』には、「怒りは馬車で、馬車の手綱を握っているのは人。制御することなく感情のままに生きている人は、たんに手綱を持っているだけで、御者（人生の勝利者）ではない」といった意味のことが書かれている部分があります。

「感情」という馬車に振り回されず、自分が望む目的地にたどり着くためには、「理性」という御者の腕の見せ所。甘やかしすぎず、かといって厳しくしすぎず、愛情を持って、うまく付き合っていくことが大事です。

単純だけど効き目のある魔法をひとつ伝授しましょう。イラッときたら、心の中で「1、2、3……」と、10カウント。そして、大きく深呼吸してみて。その間に怒りは和らいで、「感情」という馬車も言うことを聞いてくれる状態になっているはずです。

## 感情は、愛情ある理性でコントロールしてあげて。

# 人生は自分自身で思い通りにつくれる

人が思い通りに動いてくれないことにイライラして、「私はこんなこともあんなこともしてあげたのに」と与えたことへの見返りを求めたり、相手だけに原因を押しつけて「こんなことになったのはあなたのせいだ」と考えはじめたりすると、怒りは増すばかり。だけど、ちょっと立ち止まって、自分を省みることができれば、わき上がるイライラが収まっていくのを感じるはず。誰かのせいでもなく、ひとつの出来事のせいでもなく、「たまたま、いろいろな事情が重なった」と考えられれば、割り切ることもできるでしょう。

とはいえ、どうしても自分に反省すべき点が見当たらないこともありますよね。そんなとき、「人生は思い通りにはいかない」とあきらめたりはしていませんか?

人生って案外、本気で願えば思い通りになるんですよ。人のせいにしたり、適当でいいとあきらめたら、適当な人生。最高の人生にしたいと思ったら、最高の人生。誰だって望んだ分だけの人生になるのです。

恨みがましい感情を放置するよりも、解決策となる「いちばんいい方法」を考えてみましょう。自分にとってのベストな行動が、自分と未来を変えていきます。相手のことはちょっと置いといて、これからの自分のことを考えてはいかが?

# 問題解決への近道は、問題と感情を分けること

問題を解決するためには、ネガティブな感情はジャマになるだけ。「問題」と「感情」は、分けて考えましょうね！　ごっちゃになる人は、ものごとを自分で大げさに、かつ複雑にしてしまっているんですよ。

たとえばこんなことがあったら、あなたはどうしますか？　旅行中に携帯電話をなくしてしまいました。荷物をひっくり返しても「ない！」、心当たりの場所にも「どこにもない！」。せっかくの旅行なのに、絶望的な気分です。

だけど、よく考えてみれば、なくしたときにやるべきことはそれほどありません。携帯電話を止めてもらい、旅行中に連絡をくれそうな人に「連絡をするときは、パソコンにメールしてね」と連絡。

連絡がつかないという問題が解決できれば、携帯電話がない間は不便だけれど、「のんびり旅を満喫できる」と気持ちを落ち着かせることができます。

問題と感情がごちゃ混ぜになっていると、「なんで？　どうして？」と、どうにもならないことに気をとられて、いつまでも解決しません。

「今するべきこと」だけをシンプルに考えれば、問題解決へも、気持ちの回復にも、最短のルートをたどることができるはずです。

# 人は人、自分は自分と受け止める

あなたがうらやましいと思うのは、才能や容姿？　若さ？　それとも、学歴？

人と自分を比べはじめたらキリがありません。

特に、単純に比べやすい女性だけの社会では、嫉妬は日常茶飯事と言っても過言ではありません。そして、自分と同等と思っている人との間で強くなるから、やっかいなんですよね。だって、絶対にマネできないほどのものを手にしている人には、嫉妬したりしないでしょう？

また、「あの人に嫉妬する自分」を認められない場合にも、嫌悪感というイライラがわき上がってくることがあります。「なんだか気に食わない」という感覚が思い当

たれば、それがそう。なにがうらやましいのか、自分に問いかけてみましょう。

嫉妬は、人にいちばん知られたくない感情です。そんな自分を人に見せたくないから、わかりにくい屈折した表現になってしまうのです。

たくさんの中から一点だけを取り出して、人と比べるのはナンセンス！　人が持っていない多くのものを、あなたは持っているじゃありませんか。

日頃から「人は人、自分は自分」と心に刻んでおきましょう。人と比べなければ、嫉妬をすることなどありませんよ。

## 「自分には自分の道がある」と心に刻んでおきましょう。

# マイナスのエネルギーをプラスに変換する

ネガティブな感情を消化できないと、マイナスの方向にエネルギーが使われていきます。怒りに任せて言い返すとぐったりするし、イライラを表に出さないようにこらえてもドッと疲れが押し寄せてくる……。そんな感覚、わかりますよね？

ずーっとイライラしていると、その間中ずーっとエネルギーの消耗が続いてしまうということなんです。

そこで、少し考え方を変えてみましょう。消耗されていくやっかいなマイナスのエネルギーは、思考のもっていき方次第で、プラスのエネルギーに変換して前に進む原動力にすることができるのです。

新プロジェクトのメンバー選考にもれてしまったある女性は、前よりもっと仕事に打ち込んで、評価されるようになったら、メンバーに入れなかったことなんかどうでもよくなったといいます。努力して自信を得たことで、過ぎたことは事実として受け流し、未来に向かって進んでいくパワーを手に入れたのでしょう。

人は、今が幸せなら、これまでのこともすべてOKにできてしまうもの。

「これでよかった」と思える今さえあれば、イライラしたことさえも肯定的に考えられるようになるのです。

# イライラしても他人は変えられないと知る

人になにかしてほしいと思うとき、あなたならどうしますか？

ストレートにイライラをぶつけたり、正論で丸め込もうとしたり、「私はこんなにやった」と量を示したり……。どうしてものときには、「やってくれなければペナルティを課します」なんて、脅迫まがいの圧力をかけてみたりするかもしれませんね。

怒りは、相手になんとか変わってほしいと思う気持ちの表れです。

怒りで人を動かしたとしても、思い通りになるのはそのときだけ。長続きせず、望むようには動いてくれないでしょう。所詮、〝押しつけ〟で動いてくれただけなんです。

人は、怒られたくらいで「ハイ、そうですか」と変わることはできません。

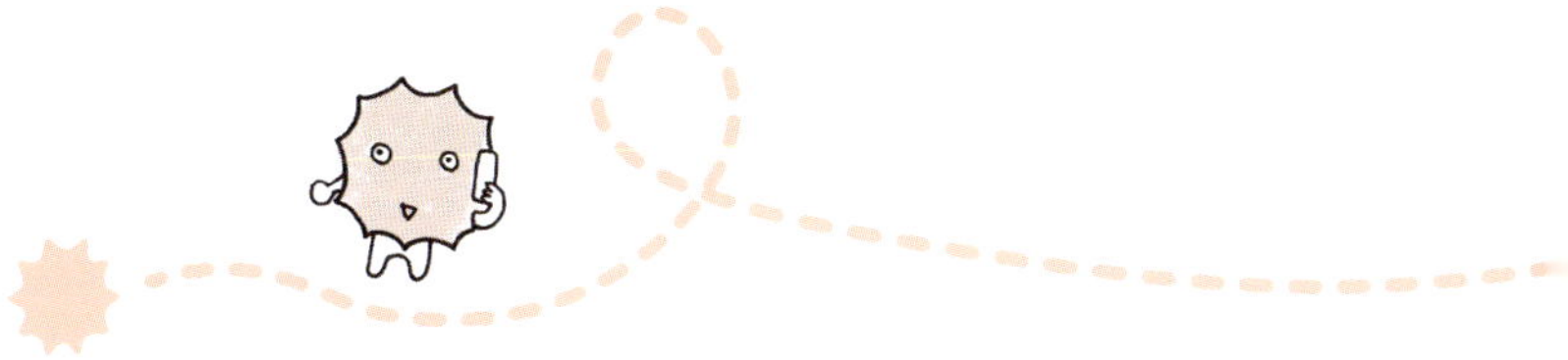

でも、人は変えられないけれど、自分なら変えることができます。

そして、嘘だと思うかもしれないけれど、自分の行動を変えると相手も変わっていくのです。

だまされたと思って、実践してみてください。相手を変えようと、イライラしてがんばるのはもうおしまいです。

続けてもらう秘訣は、大げさなほどほめて、感謝の気持ちを伝えること。

すると、相手はあなたに喜んでほしい、ほめてもらいたいと思って、自ら動いてくれるようになり、あなたはイライラが減っていくのを感じることができるでしょう。

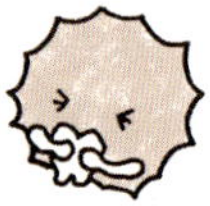

# 「忙しい」「時間がない」は禁句にする

いつも時間に追われ、「あー忙しい」「時間がない」と言っている人は、現実から目をそらしているだけで、〝気分〟が忙しいと感じさせているのでは？

「楽をしたい」とやるべきことから逃げるのは、自分で自分の首をしめています。先延ばしにして逃げていると、どんどん余裕がなくなって、終わるまで「やりたくない」「できていない」というネガティブな感情に苦しむハメになります。

そのようなセカセカした状態では、気持ちに余裕が持てず、目の前のことに集中できません。反対に、「攻め」の姿勢でいる人は、気持ちに余裕があるため、ハードスケジュールさえも楽しみ、あまり苦痛に感じていないものです。

# 気持ちに余裕を持ち、「攻め」の姿勢で楽しんで。

忙しい中でも成果を出している人に限って、「忙しい」とか「時間がない」とかいう言い訳をしません。時間は一日24時間。すべての人に平等に与えられています。「受け身」の姿勢で時間に振り回されてしまうよりも、どうせなら「攻め」の姿勢で、こちらがコントロールしてしまいましょう。

口に出した言葉は、その現実を引き寄せるといいます。言い訳でしかない「忙しい」「時間がない」は、禁句にしてしまいましょう。

そして、「簡単、簡単！　すぐ終わるからやっちゃおう」と軽く考えて、楽しんでしまうことも案外、効果的ですよ。

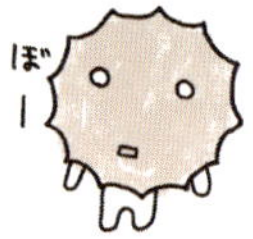


# イライラに汚染されない。意見が合わないときは流す

イライラとした感情は、まるで強力なウイルスがじわじわと蔓延していくように、まわりの人に感染していきます。

会社や家庭の中で誰かがイライラしているために、ピリピリ、イライラといった重苦しい空気が漂いはじめたら要警戒！　特に少人数のオフィスや、イライラに立場的な圧力が加わった場合には、逃げ場を失ってしまいます。

そんなときには、自分のやるべきことだけを考える「集中バリア」を張ってみて。

自分だけでも、イライラに汚染されないようにするしか、もはや方法はありません。

他人のイライラに反応して、「大丈夫かしら」と動揺していると、いつの間にかイラ

イラ菌に感染している危険がありますので、くれぐれもご注意を！

イライラしている人は、相手のことなんて完全におかまいまし。不運にもイライラの矛先が自分に向けられ、八つ当たりされたり、非難されたりしても、反論せずさらりと受け流すのが得策。こんなところで反論しても、あなたが疲れるだけです。

そんなときこそ、自分だけは思いやりの心を振りまいて。張り詰めた空気をやわらかくすることで、自分も穏やかな気持ちになって、いちばんのイライラ予防につながります。

# 相手に期待しすぎず、許容範囲を広くする

人と意見が食い違ったとき、相手が期待に反する行動をとったとき、自分を認めてくれないとき、「なんでわかってくれないの!?」と、怒りにも似た感情を抱くことがあるでしょう。「この人はわかってくれるだろう」という期待から生まれるイライラです。

でも、よく考えてみて。私たちはそれぞれ、育った環境も、受けた教育も、経験も違います。違う人間だから、当然考え方も違うし、理解できないことがあったりするのはあたりまえ。わからないのもあたりまえなのです。

相手のすべてをわかってあげられないのと同様に、自分をすべてわかってもらうこ

# 相手は自分と同じではない〝別の人〟として尊重しよう。

ともできません。考え方が違ったり、理解できないことがあったりするのは、ごく自然なこと。相手を自分とは〝別の人〟として尊重しようとすると、「この人はこういう人」としてスッと受け入れることができるでしょう。

すべてをわかり合う必要なんてありません。だけど、「少しでも相手のことをわかりたい」と思うことで、お互いがグッと近く感じるはずです。

自分の期待に相手を無理矢理収めようとせず、過剰な期待をしすぎず、自分と人が違うということをおもしろがることができたら、人に対するイライラの発生頻度は格段に減ることでしょう。

# イラッときたら、相手をほめて先手をうつ！

誰だって、自分のことをほめてくれる人のことを嫌いになったりしませんよね？
自分の価値を認めてもらえると、相手のことも認めよう、大切にしようと思うもの。ほめられれば、誰だってその気になります。そう、「ほめ言葉」は魔法の言葉なのです。だから、イラッときた相手には、この「ほめる」が効果的。逆療法ですが、イライラさせる相手をほめると、不思議なほど自分がいい気分になれます。

相手を変えようとイライラをぶつけるよりも、ほめることで人はやる気を出して動きます。相手のいいところをたくさん見つけて、たくさんほめてあげましょう。ほめるのはどんなことでもいいのです。あたりまえのことでも、同じことでも、ほめられ

れば悪い気はしないでしょう。

ほめると相手との関係が確実によくなるし、相手からもほめてもらえることもあったりして、効果は絶大！　怒りの感情が表れてしまうよりも先に、ほめ言葉を口に出せば、自分自身が感情に振り回されることなく、乗り切っていくことができますよ。

でも、急にほめようとしても、そうスラスラとほめるところが見つかるわけではありません。だからこそ、いつも相手のいいところへ目を向けるようにするのもポイントなのです。

相手をほめたら、自分もやさしい気持ちになる。こんないいこと、やらないと損ですよ！

みんなで温泉に行こうよ〜
いつも提案するだけで手配は私に押しつけるくせに…
今の時期温泉いいもんね〜楽しみできてうれしい〜ありがとう
ほめほめ
ホワ〜ン
結子もいつも手配してくれてありがとね

3 章

# まとめ

## イライラグセを断ち切ろう！

「いい人生を送りたい」と本気で思うなら、ついイライラしてしまう習慣を断ち切ることが必須！　ネガティブな感情を放置しない、心のメンテナンスのコツをおさらいしておきましょう。

### 怒りたくないのに怒ってしまう

**イラッとしたら10カウント**

イラッとする出来事があったら心の中で10数えて、大きく深呼吸。衝動的な感情は長く続かないもの。その間に、怒りが和らいでいるはずです。

### どうしようもないことにイライラ

**「いちばんいい方法」を考える**

コントロールできないことにイライラしたら、意識的に「いちばんいい方法」を考えて。自分にとってベストな行動を選択すれば、思い通りの人生に。

### イライラをぶつけてしまう

**イラッときた相手こそほめる**

人は、ほめられるとやる気を出して動くもの。イラッときた相手こそほめることで、やさしい気持ちになります。

### つい、人と比べてしまう

**人は人、自分は自分**

一点だけを見て、人と比べる必要はありません。日頃から「人は人、自分は自分」と受け止め、嫉妬するのはやめましょう。

## 人が思い通りに動いてくれない

**変わってほしいなら、自分が変わる**

イライラしても、他人は変えられません。人は、自分を認めてくれる人の期待には応えようとするもの。怒るより、相手のいいところをほめて感謝を。

## イライラでエネルギーを消耗してぐったり

**前に進む原動力に変換する**

マイナスのエネルギーは、やる気や情熱などのプラスのエネルギーに変換することができます。ちょっと考え方を変えて、前に進む原動力に。

## 人がイライラしていると自分までイライラ

**自分のやるべきことだけに集中する**

イライラしている人には、「集中バリア」を張って、自分のやるべきことだけに集中して。イライラが蔓延しているときこそ、思いやりの心を振りまいてまわりに潤いを与えましょう。

## やるべきことが終わらない

**「忙しい」「時間がない」を言い訳にしない**

「忙しい」「時間がない」を口にするのは、やるべきことから逃げているから。時間がないことを言い訳にするのはやめましょう。「攻め」の姿勢で時間をコントロールすれば、気持ちに余裕が持てます。

## 問題に感情が入り乱れて解決しない

**感情を別にして、シンプルに**

問題と感情がごっちゃになると、ものごとが大げさかつ複雑になってしまいます。問題解決には、「今するべきこと」だけをシンプルに考えるのが近道です。

## 相手がわかってくれない

**すべてをわかり合えないのは自然なこと**

「この人はこういう人」と、相手を“別の人”として尊重すれば、ほとんどのことを受け入れることができます。「相手のことを少しでもわかりたい」という気持ちが大事です。

ここからは
実践編
まずはやってみて

# 4 章

# イライラをなくし、自分を高めるメソッド

# 『イライラの感情を切り替える』

森本 美樹さん　25歳　デザイナー

平日はずーっと会社でパソコンに向かっているので、休日は大勢でわいわい集まるのが好き。遊び仲間の純くんに、思いを寄せていることは、大親友の智子にもまだ内緒。

大学からのつきあいの智子とは何でも話せる大親友
えーそうなんだー
でさー
だったのですが最近その友情に亀裂がー
原因は同じ人を好きになってしまったこと
よく一緒に遊ぶ仲間の純くん
実は私純くんのこと前から好きだったんだ
えっ私も…!
…

お互い抜けがけなしにしようね
う、うん
とか言ってたくせに
あっ
ドン~
純くん隣の席あいてる~~?
くっそ~
イラ
イラ
べたべた
さらに
美樹ちゃん彼氏できたんだって?
え!?
全然できてないですよぉ
えっ智子ちゃんから聞いたんだけど
智子?
あいつぅ~
へへ~ん
そっちがその気なら
てゆうか智子の方こそ彼氏ができたみたいなんだけど
ふたまたかけてるみたいで心配で…

美樹さあ 純くんに 何か言った？
え？ 何かって 何のこと？
それからも
聞いて〜 智子ったら ね〜
…
…
美樹には 困ってるん だ〜
バチ バチ
そうこうしてるうちに…
純くーん
あっあれ さっ さけられ てる…？
智子の やつ…
純くん こっち おいでよ〜
イラ
イラ
イラ
イラ
イラ
わっ ひっどい顔
コワ
こんな顔してたら 純くんに好かれる わけないよね…
決めた
ポジティブ スイッチ ON
ポチ
私もう イライラしない いい女になる！

バーベキュー日和
ワイワイ
純くーん 2人で買い出しに行こー
スイッチ ON
パッ
じゃあ私 野菜切りまーす
にこ
かぼちゃって焼くと絶対おいしいよね
アハハ
おいしいよねー
やっぱ笑ってる方がかわいいよね
スキップ
スキップ
あっ純くんと智子ビール買ってきてくれたんだ
にっこり
ありがとー♪
にっこり
イライラしそうになったら
ポジティブスイッチオンでイライラ撃退
頭の中でスキップをイメージ
すると自然とポジティブになって
手伝うよー
ありがとう
なんとなくいい雰囲気

# 「ゆっくり話す・光の中を歩く・前向きな人と会う」で切り替え

あとになってイライラの原因を考えると、そのほとんどがどうにもならないことだったりします。自分の力が及ばないことなら、距離を置いたり、いい面を見たり、目をつぶったりして、自分が負担にならない方法でやり過ごすことも大事。それは、イライラを「我慢」するのではなくて、「切り替える」ということ。

イライラしたとき実践してほしいのが、「ゆっくり話す」「光の中を歩く」「前向きな人と会う」という3つの方法。意外かもしれませんが、心理学的に、感情は「言葉」「行動」「考え方」を〝後追い〟するものだそう。

イラッときたら、わざとゆっくり、はっきり話すことを意識してみて。すると、「まだまだ私は余裕！」と自分に言い聞かせることができて、心が落ち着いてきます。

そして、光の中をゆっくり歩いてリフレッシュ。光には、気分が高まり、意欲がわいて元気になる効果があるんです。

また、イライラしているときにはポジティブな人と会って、自分のマイナスに傾いた感情をプラスに引き寄せてもらいましょう。会話は愚痴ではなく、前向きな言葉をたくさん使って。

「言葉」「行動」「考え方」、この3つを変えるだけで、ネガティブな感情からスッと離れることができますよ。

# 怒りへの特効薬は「笑顔」。鏡を見てスマイル！

「ゆっくり話す」「光の中を歩く」「前向きな人と会う」という3つの方法を紹介しましたが、どれだけ感情を切り替える行動をとっても、心の片隅にずーっと引っ掛かったままなんてこともあるでしょう。

それでも残ってしまったイライラは、心を自由にして追い出しましょう。わーっと泣いたり、ギャハハと笑ったり、ゆったりリラックスしたりして、心を解放して。

特に、「笑う」ことはびっくりするほど効果あり！　お腹の底から笑ったあとは、なんだかすっきりして、それまでイライラしていたことがちっぽけなことに思えてきませんか？

「怒り」と「笑い」は、がんばったって両立できない感情です。

少々、荒療治かもしれませんが、「ネガティブな感情に引きずられているな」と感じたら、鏡を見て無理矢理にでも笑ってみて。鏡に映る自分の引きつった笑顔は、なかなか滑稽で、冷静さが取り戻せるでしょう。

ちょっとのイラッにも、感情とは反対の「笑顔」で対応。

そんな行動をとっているうちに、それほどネガティブな感情に引きずられなくなっている自分に気づくはずです。

# 心が弱っているときには、「一日一感謝」で前向きに

人は、心が弱っているときほど、「なにかをしてもらうこと」「自分になにかを与えてくれるもの」を求めてしまうもの。「なにもしてくれなかった」と、受け身の姿勢でイライラするのは、感情に振り回されている証拠です。

待つんじゃなくて、「自分が持っているもの」「自分ができること」を積極的に見つけるほうが、自分自身を好きになれるし、前向きになれるのではないでしょうか。

それは、結果的に自分を喜ばせることにもつながります。

まずは、あなたのまわりにあるあたりまえのことに、「一日一感謝」をしてみましょう。あたりまえのことにも「ありがとう」という言葉で感謝するだけで、うれしいことがもっとうれしく、小さな幸せがかけがえのない幸せに変わります。目の前のものがキラキラと輝きを増して見えてくるでしょう。大げさじゃなく、本当に！

どんな状況でも、感謝の種は転がっています。

心が弱っているときこそ、今日の中の「ありがとう」を見つけましょう。たくさんの「幸せな自分」が発見できれば、自分が満たされていくのを感じるはずです。与えてもらうことばかりを求めるより、〝今〟に感謝し、そこで自分ができることを考えたほうが、ずっと前向きに進んでいけると思いませんか？

一日一感謝
今日も一日
ありがとう

# 口に出して吐き出し、すっきりさせる

イライラする出来事が起こったとき、あなたはどうしていますか？

相手に向かって怒りをぶつけるのは、解決策にならないとお話ししてきましたが、じっと我慢しているのもよくありません。

ネガティブな感情をため込んでしまうと、自分の心と体を壊してしまうことだってあるんですよ。

そうなる前に、感情をこまめに吐き出して、心のバランスを保ちましょう。

といっても、誰かれかまわず他人に感情を吐き出すのは、かなり迷惑。あなたの感情を受け止めたり、話を聞いてくれる、信頼のおける人であることが条件。

心にたまったモヤモヤは、誰かに聞いてもらうだけで、すっきりします。ただし、「あっけらかんと明るく」を心がけて。

また、聞いてくれる相手がいないときでも、感情を口に出すとすっきりします。カーッと怒りがわいてきたら、その場から離れて、心の中にたまっているものを吐き出してみましょう。ひとりごとだから、思っていることぜーんぶ言っていいんです。

そんなふうにして、自分の感情と向き合うのも、時にはいいかもしれません。でも、聞かれてマズイことにならないように、場所を選んでこっそりと、ね。

昨日もあんな言い方しなくてもいいじゃない
友達との約束より私のこと優先してよ
電話するって言ったくせに！
いつも「忙しい」ばっかり
メールの返事ぐらいしてくれてもいいじゃない

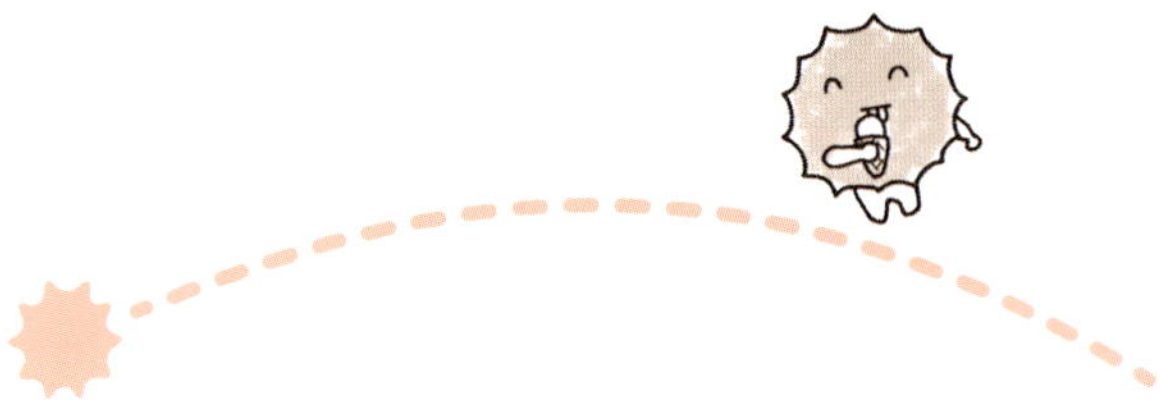

# マイナス言葉は使わない。プラス言葉に変換を！

言葉には、現実をつくる不思議な力「言霊《ことだま》」があります。いい言葉を口にすれば、幸運が舞い込んでくるし、よくない言葉なら、まとう空気まで沈みがちに……。素敵な言葉ばかりを選んで使っていれば、あなたの人生も素敵なものになっていきますよ。「ものは言いよう」で、ものごとは好転します。本人が半信半疑でも、言葉にしてしまえば不思議とそうなってくるものです。

難しいことはありません。自分がよく口にしがちなマイナス言葉を書き出して、それをプラス言葉に変換する練習をしてみましょう。毎日の中でも、どんどんプラス言葉に変換するクセをつけて、幸運を引き寄せちゃいましょう。

# マイナス言葉をプラス言葉に書き換えてみよう！

例

− 仕事を押しつけられて私だけ忙しい

＋ 仕事をまかせてもらえ忙しいけど充実してる

| | |
|---|---|
| − | |
| ＋ | |
| − | |
| ＋ | |
| − | |
| ＋ | |
| − | |
| ＋ | |

# 暗いところでぐっすり睡眠。朝日を浴びてすっきり起床

イライラしないための環境づくりは、意外に大事なもの。なにより、健康第一です！心と体が疲れていると、ネガティブな感情もわき上がりやすくなってしまうのです。

まずは、食生活を整えるところから。食事の時間が不規則になったり、栄養が偏ったりすると、イライラしやすくなるので気を付けましょう。

睡眠も忘れてはいけません。十分な睡眠時間を確保することはもちろんですが、準備も必要です。それは、テレビやパソコンの強い光は、寝る直前には浴びないようにするということ。電気も消して、暗い中でぐっすりと眠りましょう。ふとんに入ってから携帯電話をいじるなんて、もってのほかですよ。

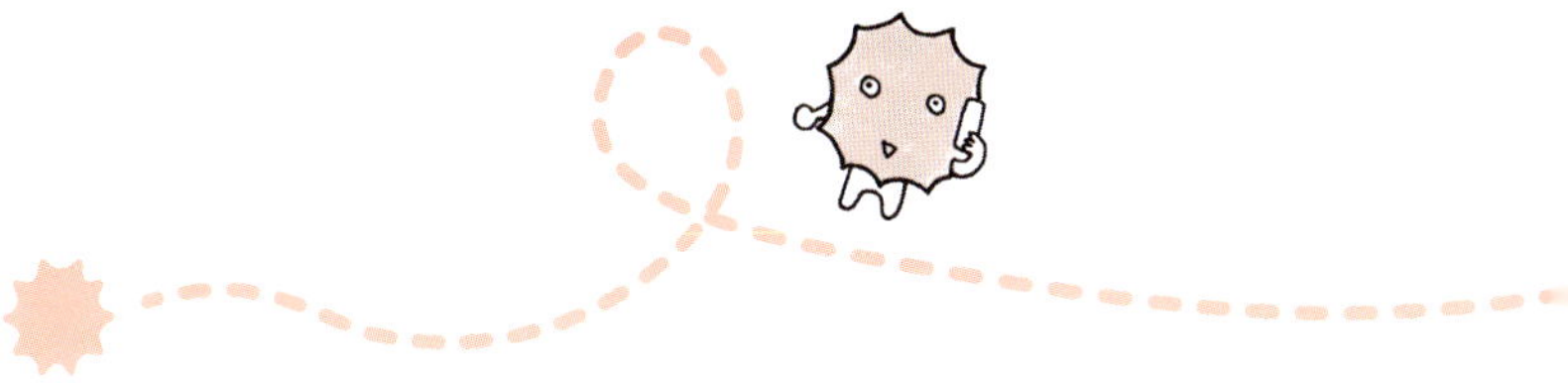

そして、朝起きたらカーテンを開けて、太陽の光を浴びることを習慣にしてみましょう。光は、体のリズムを整える治療にも使われるように、私たちを元気にする力があるのです。

栄養をバランスよくとって、暗い中でぐっすり眠り、朝起きたら太陽の光を浴びる……。

生活習慣を整えれば、心も自然と穏やかになります。毎日を気分よく過ごしていける生活習慣をつくっていきましょう。

# 整理整頓に怒りをぶつける。トイレ掃除がいちばん効く

イライラしない生活習慣が大事なのと同じように、身のまわりの整理整頓も大事です。散らかった部屋には、イライラ要素も一緒に散らかっているんです。

モノが見つからなくてイライラ。落ち着いて座れる場所がなくてイライラ。そして、片づいていない部屋を見るだけで「はぁ～」と大きなため息をつきたくもなってしまいますよね。

その散らかった部屋は、あなたの今の心の状態です。

だったらすぐに、きちんと整理整頓してあげましょう。整理整頓や掃除は、ストレスを解消する働きもあります。イライラしたら、身のまわりを少し片づけるだけで、

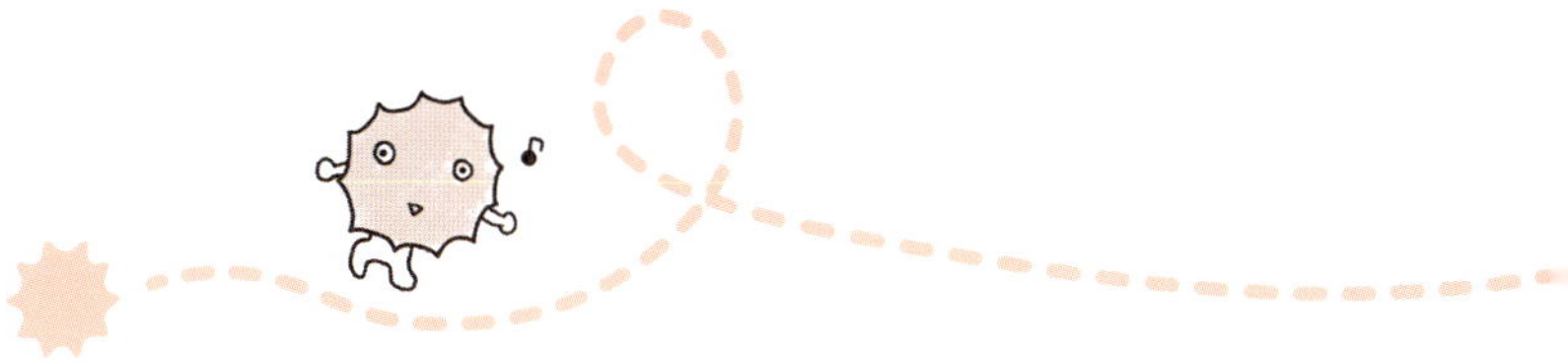

気持ちがスッとしてリセットすることができます。

身のまわりが片づいていない人は、頭の中も、いるものといらないものがごちゃごちゃで整理できていません。反対に片づいている人は、いらないものをポイッと捨てられるから、頭の中も整理できているんです。

特におすすめしたいのは、トイレ掃除。イライラした感情をぶつけるように、掃除をしてみましょう。これは、〝ちょっとめんどくさい〟ところがポイント。片づけや掃除に没頭するうちに、頭の中も感情もクリアになっているはずです。

# 自分を喜ばせる、大きめのストレス解消を

イライラは早期発見、早期治療が基本。重症になる前に、気分転換を図ることが大事です。

ここまで、さまざまな方法をお伝えしてきましたが、すぐに効果が表れるのは「ご褒美」と「感情に浸ること」かもしれません。

馬の鼻先ににんじんを吊して走らせるように、自分自身へのご褒美を用意して、ひと踏ん張り。「これをやり遂げたら、欲しかったバッグを買おう」と思ったら、もう少しがんばれるし、「また明日からがんばろう」という気持ちにもなるものです。

夢中になれることや自分を喜ばせることで、自分をねぎらってあげましょう。

また、怒りや悲しみなどのネガティブな感情にどっぷりと浸って、気持ちをドン底まで落とし切るのもひとつの手。落ち切ったら、もう上がるしかありません。ひとりで気が済むまで、泣いたり怒ったりして感情を吐き出して。そんなときには、映画や本、音楽がナイスアシストをしてくれますよ。

そこまでしたら、あとは時間が解決してくれるのを待ちましょう。

今すぐ解決できない問題でも、前へ進んでいくうちに、イライラはある程度解消されていくはずです。

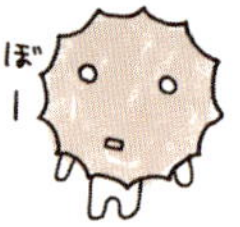


# 人からほめられると、自信になる

ほめられれば、誰でもうれしいものですよね。

イライラして心が弱っているときには、この「ほめ言葉」が勇気を与え、背中を押してくれます。

あなたの身近な人にお願いして、あなたのいいところを書いてもらいましょう。人からよく言われるものもあれば、意外な長所もあるかもしれません。

自分で自分をほめるのもいいですが、人からほめてもらえると大きな自信になるものです。ほめられてやる気になったら、弱っていた心にパワーがみなぎって、イライラから解放されることでしょう。

# あなたの長所を書いてもらおう！

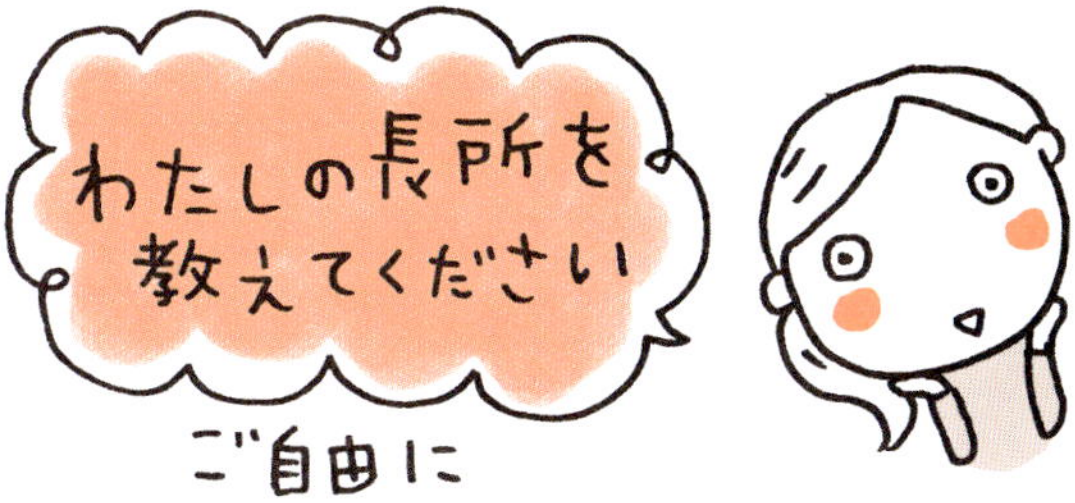
わたしの長所を
教えてください

ご自由に

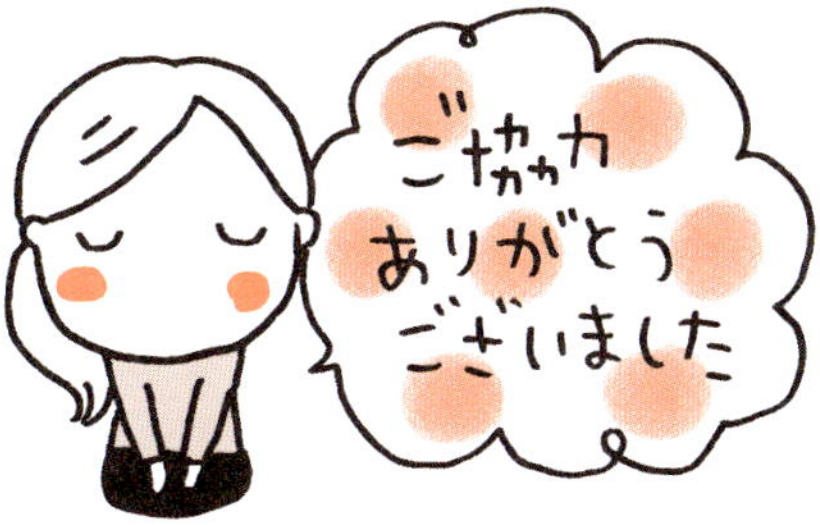
ご協力
ありがとう
ございました

# 『イライラのない キラキラライフ』

**松井 加奈 さん　30歳　事務職**

イライラしてばかりの自分を変えたくて、わらにもすがる思いでこの本を読み、有川先生の教えを実践。心に余裕ができて、仕事もプライベートもなかなかいい感じ。

私の一日はカーテンを開けて
太陽の光を浴びるところからはじまります
気持ちいい〜
イライラがなくなったことで私の生活に確実に変化がありました――
イライラの片づけ方
有川真由美
今までは会社でも
イラ
イラ
イラ
もーなんで私だけやらなきゃいけないの
彼にも
あーあ
たまにはステキなお店につれてってよ
がや
がや
私のことホントに好きなの?
いつでも
押さないでよっ
ギッ
イライラしてた私

夜になると自分の行動を後悔して
わ〜ん なんであんなこともこんなこともしちゃったの〜〜〜!
バタ バタ
正直 自分で自分のイライラをもてあましてました
ああん?、
もー
イラ イラ イラ イラ
有川先生の本を読んでみたら
そうそう そうなんだよね〜
まるで見すかされてるようだわ〜
思い当たることだらけ
たしかにイライラしてると疲れるんだよね〜
イライラしたくてしてるわけじゃないから
フムフム
なるほどこうすれば…
最初は半信半疑だったけど簡単なメソッドばかりだったので
よし やってみよ

キャー
申し訳ありません！頼まれてたリストアップ少し遅れてしまいました
こんな時は
昔
笑顔。
にっこり
ありがとう助かる～
私もやっとチェックできるようになったとこだから
次は絶対気を付けます！
よろしくね－！
うふふ
なんだかいい感じ
えーもーこれ私やるの？
自然と周りのイライラも気にならなくなったり
私手伝おうか？
イライラが減った分
心に余裕
お花とか飾っちゃおうかしら

時にはストレス解消して
なんでメールの返事くれないのォ
ひとりカラオケ
スッキリ
また明日からがんばろ!
松井さんなんか雰囲気変わったね
えっそうですか?
うんなんかやわらかくなった
わ
彼ともますます仲良しに
へへへお弁当作ってきたよー
おー
あんなにイライラしてたのがうそみたい
毎日充実しています!

# おわりに

あなたがいつもイライラしているのは、相手や自分に期待して、それに応えようとがんばっている証。

こんなにたくさんのストレスにさらされて、毎日を忙しく過ごしていたら、いろんなことに怒りっぽくなるのも当然です。

ときには、他人に当たってしまったり、抱えきれなくなって自己嫌悪に陥ったりすることもあるでしょう。

でもね、イライラするのって、とっても損なことなんですよ。

そして、この本を手にとってくれたあなたは、そのネガティブな感情をどうにかしたいと思っているはずです。

あなたが、なりたい自分はどんな自分ですか？

自分の可能性を広げて、あなたが願う人生を実現していくのも、反対に、勝手な思い込みで可能性を狭めてしまうのも、他の誰でもなく自分自身。未来のポジティブな自分をイメージして、ちっぽけなイライラなんて吹き飛ばしてしまいましょう。

怒ったり、泣いたり、落ち込んだりすることがあってもいいんです。そんな感情を抱く自分も認め、しっかりと目の前の現実を受け止めながら進んでいきましょう。

あなたには、自分の人生をつくっていく力があります。なりたい自分になることができるのです。

イライラの感情とうまく付き合っていくことができれば、あなたは自分でも気づかないうちに、幸せオーラあふれるひとへと変わっていますよ。

監修
## 有川真由美

鹿児島県生まれ。多くの職業経験を生かして、働く女性のアドバイザー的な存在として書籍や雑誌などで執筆。約40カ国を旅し、旅行作家としてもエッセイやドキュメンタリーを手がける。著書に『仕事ができて、なぜか運もいい人の習慣』『感情の整理ができる女《ひと》は、うまくいく』(ともにＰＨＰ研究所)などがある。

有川真由美ホームページ
「Daily Journey」
http://arimayu.blogspot.com

絵
## 森下えみこ
(イラストマンガ家)

静岡県生まれ。主な著書に、30代独身の日々を描いたコミックエッセイ『独りでできるもん』シリーズや女社会の悲喜こもごもを描いた『女どうしだもの』全3巻（ともにメディアファクトリー）がある。ほかにも書籍のイラストや広告のプチマンガ等を手がけている。

森下えみこホームページ
http://emiko.petit.cc/

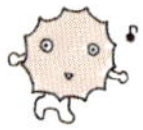


編集　引田光江（スタジオダンク）、木村亜紀子

デザイン　木村百恵（スタジオダンク）

コミックで学ぶ
# イライラの片づけ方

2012年12月10日　第1刷発行

監修　有川真由美

絵　森下えみこ

発行人　蓮見清一

発行所　株式会社　宝島社
〒102-8388　東京都千代田区一番町25番地
電話：営業03（3234）4621／編集03（3239）2508
HP：http://tkj.jp
振替：00170-1-170829　㈱宝島社

印刷・製本　サンケイ総合印刷株式会社




ISBN　978-4-7966-9937-2